最後の砦
コミュニティユニオンの闘い

TAKENOUCHI KOUYU
竹之内宏悠

花伝社

この物語は、二十一世紀初頭の歪んでいく職場環境と、日本的労働組合を作り変えたいとの思いで苦悩するコミュニティユニオン（地域労組）を描いたものであり、新しい世代の闘う仲間へのエールでもある。

最後の砦　コミュニティユニオンの闘い◆目次

第1章　無名戦士の墓

無名戦士の墓

合唱団による厳かな追悼の歌声が青山斎場を覆い、続いて故人の名前が一人一人読み上げられる。

毎年三月十八日に行われる解放運動無名戦士合葬追悼会が始まったのだ。

今年は千人を超える方々が合葬されることから、第二会場までいっぱいの参列者だ。

合同労組書記長の古田孝広は、昨年の暮れに亡くなった山田五郎の、たった一つの生前の願いを守るために、彼がこよなく愛した中華料理店「天龍」のママと山形から来た遠縁の親族と共に、この「無名戦士の墓」の式典で黙祷をささげていた。

「無名戦士の墓」は、プロレタリア作家の草分けともいえる細井和喜蔵の『女工哀史』の印税によって造られた。

和喜蔵自身は二十八歳でその生涯を終え、書き残した『工場』や『奴隷』等の作品だけでなく『女工哀史』がベストセラーとなったことも知らず、この世を去った。

しかしその遺志を継いだ人たちによって、戦前の弾圧をかいくぐって「無名戦士の墓」が創建され、今日では戦後の松川事件や名張ぶどう酒事件等、権力による冤罪に対し、人権擁護の立場で闘う国民救援会によって受け継がれている。

もちろん受け継がれているのは「無名戦士の墓」だけではない。紆余屈折はあるものの、統計や分析を通して表現された、和喜蔵の虐げられた人々への思いは、戦前の小林多喜二や徳永直らのプロレタリア作家の指標ともなり、今日の日本民主主義文学会へと連なっている。

＊

孝広は、いつものように妻の洋子と朝食をとっていた。

スマホのバイブレータがテーブルの上で振動を伝えている。

こんな朝早くから何事だ。またメンタルを患った組合員からの電話だろうか。それとも年老いた親族からの連絡だろうか。不安とイラ立ちの中、孝広は箸を休めてスマホに手をやった。

洋子が、いつものように不機嫌な顔を孝広に向けている。

「もしもし、古田ですが……。え、ほんとですか……、いつですか……わかりました」

孝広はスマホを静かに置くと、洋子に言った。

「五郎ちゃんが、今朝亡くなったそうだ」

「ほんとに？　まだ七十代よね」

二人は目を見開いたまま見つめあった。

山田五郎は川崎市の、いや神奈川の、まともな労働運動を背負ってきたといえる男だった。

高度経済成長が終わりを告げ、世間が不況の嵐に覆われていた時代だった。大企業さえ新規採用を控える中、山田五郎が勤務し、労働組合の委員長もしていた中堅の機械メーカーも、例に漏れず倒産した。

まだ全労連や連合もなく、労働界における右翼的再編が叫ばれていた頃だ。

五郎ちゃんは同僚の生活を守るために奔走したが、自らは再就職をせず、退職金を切り崩す形で川崎の未組織共同センターを立ち上げた。そして労働組合に入っていない未組織労働者を労働組合へ加入させる「組織化」をする傍ら、池貝鉄工、日本石油化学、東芝など幾多の労働争議を解決へと導いてきたのだ。

五郎ちゃんは、孝広が四十代で差別争議を闘った時も、川崎労連事務局長の任に就いたまま、支援共闘会議の事務局長になってくれた。

争議も終盤に近付いていたある日、孝広たちが東京にある本社ビル前で抗議要請行動を行っていた時のことだ。その日は百名近い座り込みと、真っ赤な衣装で踊るフラメンコの舞台を使っての派手な宣伝行動だった。

これに対して会社は、警察を動員して排除に出ようとした。

間もなく、本社ビル前には窓を金網で覆った灰色の警察車輌が停車した。そこからバラバラと降りてくる警官の姿に、現場の緊張は高まる。

「民事不介入だろ」

孝広が警官に食って掛かった。

警察側の責任者と思わしき警官は、返事もせずに言った。

「責任者は誰ですか」

すぐに、警官の周りを紺色のゼッケンを付けた数名の争議団員が取り囲んだ。

「労働争議ですよ。民事不介入でしょ」

「そうだ！　違法行為を行っているのは会社の方ですよ」

すでに労働委員会で不当労働行為を勝ち取っていた争議団は、警官に対して口々に抗議の声を上げた。

しかし警官は聞く耳を持たない。抗議の声を無視するように警官は叫んだ。

「道交法違反だ、責任者は誰だ」

今にも孝広たちを逮捕するとの勢いだ。

こんな馬鹿なことがあるか。五年かかって得た労働委員会の勝利命令を会社は無視し、行政訴訟として裁判に持ち込んだのだ。その抗議を兼ねた宣伝要請行動だった。

参加者らも負けない。

「警察は不当労働行為を行っている会社を守って、俺たち労働者を逮捕するのか」

「会社を守るために来たのか」

本社前の通路は騒然とした。

「この騒ぎをすぐ止めなければ逮捕する」

争議団員がたじろぎかけた時、後ろから低くドスの利いた声が聞こえた。

「責任者は俺だが」

皆が一斉に声の方を振り向いた。

そこに立っていたのが、川崎労連の赤い腕章を着けた五郎ちゃんだった。

「問題があるなら俺を持って行け」

五郎ちゃんは腕を組んだまま、警官と向き合ってしばらく話し合っていた。

警官は無線で何やら問い合わせを行った後、頭を振って去っていった。

それを見た五郎ちゃんは参加者に向かって言った。

「音を少し小さくしろ」

そして、その場は警察からの介入もなく終わることができたのだった。

後日、孝広がその話を聞いた時、五郎ちゃんは苦笑しながら言った。

「彼らが神奈川県警に俺を問い合わせたら、無駄だからよせと言われたらしい」

地域要求実現に向けた運動や春闘等を通して、孝広にとってはすでに三十代からの付き合いだったが、五郎ちゃんが川崎労連の事務局長を降りた後は孝広がその任に就いた。

当時孝広はまだ会社勤務をしていたことから、二人三脚のような形で川崎労連を運営してきたといっても過言ではなかった。

方針を巡って深夜まで酒を飲み交わしたことや、メーデー会場での前夜祭に続く泊まり込み、初夏になると決まって五郎ちゃんの故郷から送られてきて取り合いになったサクランボ等、五郎ちゃんとの思い出が走馬灯のように去来する。

「とにかく皆にも連絡しなくちゃ」

立ち上がって身支度をしている孝広に向かって洋子が言った。

「私にできることがあったら言ってね」

これが五郎ちゃんの亡くなった朝だった。

＊

式典も終わり、それぞれが「無名戦士の墓」へ献花していく。

孝広も一輪の真っ白な菊を墓前に献花し、瞼を閉じて誓った。

〈ありがとうございました。あなたの遺志を受け継いでいきます。闘う労働運動の芽は、私たちが守り育てていきます。安らかにお眠りください〉

孝広が今書記長をしている合同労組を立ち上げる時も、夜を徹して二人で話し合った。

未組織労働者の組織化を行うため、一刻も早く合同労組を立ち上げるべきだという孝広に対し、五郎ちゃんは、川崎労連の運動面や財政面からも、まずは加盟組織の理解を得なければ組織的に頓挫すると諭した。

当時、他の産業別労働組合組織、通称「産別」のうち、ＪＭＩＵ（全日本金属情報機器労働組合）や全国一般等の産別は、合同労組と同じように誰でも入れる労働組合を標榜しており、組織として競合するとして反対の空気が強かった。

孝広の掲げた方針は川崎労連の大会では承認されたものの、組織の立ち上げには一年の準備期間と論議の時間が割かれた。

結成当日、川崎労連幹事の全てを合同労組の執行委員として、大会が開かれた。

壇上の横断幕には「川崎労連の総力で、未組織労働者の組織化を！」の文字が躍った。

異議を唱えていた産別組織も、組織化そのものに反対ではないことから、中に入って共に力を出し合い、職種的に合致する人がいればその組織が受け入れることとして、合同労組を共同の窓口として位置付けてくれることになった。

このことによって、産別としても、自ら組織している職種以外の人たちへの組織化方針を提起できることになった。

これは当時としては画期的なことだった。他職種の労働者も組織化できることから、公務員労働者と民間労働者が、その垣根を越えて組織化方針を持つことができるようになったのだ。

現代の駆け込み寺的存在である合同労組には、当然のこととしてありとあらゆる職種、職場から事件が持ち込まれてきた。

中には、遺産相続に関するものや刑事事件にした方がいいと思われる相談まであった。

しかし、これは考えようによっては素晴らしいことで、身近な労働問題しか知らない労働組合幹部にとっては、視野を広げるという点で人間的成長を促してくれるともいえた。また、退職した公務員が半専従的に事務所に詰めていることから、非正規を含む公務員の闘いにも対応することができた。この特徴は、今日の川崎の合同労組にも受け継がれている。

孝広が川崎労連の事務局長を降りて合同労組の書記長となり、これから五郎ちゃんと二人で合同労組の発展を、と考えていたその時、病魔が彼を襲った。

集団就職で山形の雪深い米沢から出てきた彼は、勤務先企業の倒産後は生活もままならない状態が続き、一生独身を貫いたことから、入院から介護施設への入居まで身近な組合の友人たちで相談して決め、後見人には付き合いが長かった弁護士がなってくれていた。

三年あまりに渡る闘病・療養生活だったが、彼は決してくじけるところがなく、読書をこよなく愛し、今まで走り続けてきた時間を取り戻すかのようにさえ見えた。

運動面での不満や不安を言うこともなく、むしろ孝広たちへの信頼は高まり、孝広が悩んでいる課題について意見を聞こうとすると、「自分の信じる道に進めばよい」と逆に激励してくれるようになっていた。

彼にもう少し時間が与えられていたら。

今川崎で取り組まれている反原発の総行動や、戦争法廃止の闘い等、市民が中心となり、組織の枠を越えた大きな運動のうねりに、彼ならどう対応・指導していたであろうか。五郎ちゃんの笑顔と自信に満ちた顔を思い出すだけでも残念でならなかった。

「お世話になりました」

「あっ、いやこちらこそ、ご苦労様でした」

回想に浸っていた孝広はハッと我に返り、隣にいる五郎ちゃんの親族に頭を下げた。

静かになった青山斎場の、豊かな緑から零れてくる春の日差しが、孝広の喪服を優しく温めていた。

第2章　労働災害

労働災害

殺人的暑さから逃げるようにして、孝広はエレベータホールに立った。

「おはようございます」

声に振り向くと、ワイシャツ姿の神村書記次長が、眼鏡をとって額の汗をタオルで拭いながら立っている。

並んでエレベータに乗ると、どちらともなく先日労災申請した派遣労働者の案件について話し始めた。

「昔じゃ考えられませんよ」

「俺も労災で職場環境の改善や補償交渉を闘ったことはあったが、そもそも労災認定されるかどうかについてなんて悩むとは思わなかったよ」

孝広が、少し出た腹の上で腕組みをしたまま、神村に言った。

「いつからかな、派遣労働者が増えてきた九十年代頃からかな」

先日、腰痛を訴える派遣労働者が労働相談に組合事務所を訪れ、二人が対応に当たった。冷蔵庫などの重い電化製品を倉庫から出荷するのだから、彼のおかれた労働環境が過酷であることは間違いなかった。

問題は、どこの職場で被災したかが明らかでないことだった。

彼は、派遣会社から港に近い倉庫会社へ送り込まれる形で、職場を転々と移ってきた。つまり、労災保険番号をいくつも渡り歩く中での被災といっても過言ではないのだ。

彼の肉付きのよいがっしりとした体は、それぞれの倉庫会社で重宝されてきたことを想像させた。

しかしそうした職場では、派遣労働者を人間とは思っていないだろう。壊れたら取り換えればいい部品くらいにしか考えていない。

過酷な労働環境だからこそ、派遣労働者を使い回しているのだ。

現に、企業の歳出科目のうち、派遣労働者にかかる費用は人件費として計上されていない。

時代がどれだけ進歩しているように見えても、労働現場における状況はむしろ後退しているのではないだろうか。

今、自分たちが進めている労働相談を中心とした運動の水準では、時代に対応していないのではないのか。

孝広は自問自答していた。

エレベータのドアが開き、薄暗い廊下を歩いて事務所の鍵を開ける。

孝広はクーラーのスイッチを入れると、グレーのブレザーを脱いでパソコンの電源を入れ、向かい側に座った神村に話し掛けた。

「労災といえば同僚か下請け労働者のことで、どこの会社の人間か、どんな仕事をしている労働者か、ましてどこの職場で被災したかわからないなんて考えられなかったよ」

「私もそうですよ」

神村も額に皺を寄せて孝広の顔を見ている。

こんな相談が入ってくること自体、一般の労働組合で活動をしている人たちには考えられないことだろう。

決して過去の労災闘争が楽だったというつもりはないが、こんな悩みを抱えることはなかった。

過酷な職場は過去にもあった。悲惨な事故もあった。しかし、誰に向けるべき怒りかは明らかだった。

「なあ、君もそうだろうけど、俺もいくつも労災や労災闘争をしてきたさ、だけどな……」

そう言って孝広は、孝広自身が労働運動に身を投じるきっかけとなった、三十数年前の災害現場を思い出していた。

確かあの日も暑い日だった。

＊

「広ちゃん」

呼ぶ声に孝広は振り返り、分析用のサンプリングから帰って来た小柄な相沢に向かって挨拶を返そうと手を上げたまま目を疑った。

「何だ。あれは」

相沢の後ろに、マントを広げるように、もくもくと黒い煙が立ち昇っている。

自転車に乗ったまま孝広の指差す方向に体をひねった相沢も、驚いて動けなくなった。

「合成プラントじゃないのか」

孝広は実験棟に引き返し、ドアを開けると室内に向かって大声で叫んだ。

「おーい！　合成プラントが事故かもしれないぞ」

部屋の中で人の動く気配がしたのを確認して、今度は相沢に〝行くぞ〟と手で合図を送った。

その時、係長がやって来た。

眼鏡の縁に手を沿えて登場した係長は、黒い煙が空に立ち昇って広がっていくのを見ると、慌てて孝広に言った。

「どこに行くんだ」

「すいません。すぐ戻りますから」

孝広は言うが早いか、自転車置き場へ向かって駆け出していた。

孝広の勤務する太陽化学川崎工場は、海に面して帯状に続く石油化学コンビナートの中心部に位置し、その広大な敷地を移動するには、自転車か自動車を使用しなければならない。

孝広は駐輪場から自転車を引きずり出すと、煙の方向に全力でペダルを踏んだ。

化学工場での事故は、そのまま労働者の生命に関係してくる。

何もなければいいが。

祈るような気持ちで、孝広はペダルを踏み続けた。

相沢も、自転車の荷台に乗せたままのサンプル瓶をガチャガチャいわせながら、必死で後を追ってくる。

三年前のガス火災の時もそうだった。何の構内放送もなく、救護班の出動要請もないまま同僚が死んでいった。

災害訓練のシナリオはあるが、実際の事故で機能したためしはない。

必死にペダルを踏む孝広には、林立する銀色の蒸留塔や縦横に走る配管をバックに立ち昇る黒煙が、人の命を飲み込もうとする化け物のように思えた。

「おい、怪我人はいるのか」

孝広は消化用ホースが乱れる道路の端に自転車を止め、走って来た銀色の消防服姿の男の肩を掴んだ。

「まだ二人、見つかっていないらしい」

汗とも水ともわからない、びしょ濡れになった顔が答えた。

「誰が見つかっていないんだ」

「わからん。とにかく二人見つかっていないってことで、消防隊員が水をかぶりながら中に入っていったが、だめだったらしい」

「だめだって、なにがだめなんだ」

孝広の顔がひきつり、おもわず太い両腕を掴む手に力が入った。

「ちょっと、ちょっと待て。俺はこのホースを……」

孝広はハッとして、消防服の襟を放した。

黒煙に包まれた赤黒い炎と、鼻を突く油の臭い。目の前に止まっている消防車のキラキラと光るライト、そして上空を旋回するヘリコプターの音。

孝広は喧騒の中の静寂に立ちすくんだ。

「広ちゃん、怖いよ」

孝広の作業服の背中を掴んだままの相沢が、煙と炎に包まれたプラントを見つめ、震えながら言った。

孝広は振り返って言った。

「お前戻れ、二次爆発があるかもしれない。俺はもう少しここにいる」

消防車の周りには白いホースが縦横に張り巡らされ、走り回る銀色の消防服姿の男たちや、燃え盛る炎とは無縁のように、放水用の水が道路を川にして流れていた。

＊

「古田さん。冷たい麦茶でもどうですか」

神村が冷蔵庫からペットボトルを取り出して孝広に差し出している。

「ああ、ありがとう」

過去の記憶に浸っていた孝広は、ペットボトルを受け取るとマイカップになみなみと注ぎ、助けを求めるように口に持っていった。

冷たい麦茶が喉元を通ると、当時の緊張感と蒸し暑さから少しだけ解放されて、冷静さを取り戻すことができた。

我に返った孝広は、立ち上がったパソコンの画面に目を落としながら言った。

「ところで山河通運の藤村君の件は裁判も近いけど、大丈夫かな」

山河通運の事件は、サービス残業、労災隠し、メンタル休職の末の解雇と、違法行為のオンパレードのような案件だ。

「来月の裁判では口頭陳述するそうですから。楽しみですよ」

神村は人差し指と中指でVの字を作って、大丈夫だと合図した。

「そうか、むしろ心配なのはトコスだよな」

「そうなんですよ。裁判の方は心配ないと思いますが、広永さんの病状が心配ですよ」

　トコスはアメリカ資本で、今日では広く日本全国に展開しているスーパーマーケット的大企業だ。

　トコスで起きたパート労働者の不当解雇事件は、裁判が進めば進むほど会社の嘘が次々と明らかとなっていた。裁判上の不安はないものの、原告の一人である広永が膵臓癌になり、回復のめどが立っていなかった。

　今組合として抱えている案件は、裁判案件が二件、労働委員会案件の一件を含めて十数件に上る。

　どれも簡単なものはないが、孝広にとっては裁判案件が特に気になって仕方がない。

部屋の蒸し暑い空気が孝広の不快感を高め、理由もなくイラつくのだった。

「話は変わりますが、古田さん」

　そう言って神村が切り出した。

「組合財政の問題ですが、このままだと闘争会計から借り入れたとしても、半年持ちませんよ」

「えっ、そんなに？」

　孝広は驚いて神村の顔を見た。困惑した表情だ。

「ですから、前にも言ったように抜本的な対策を講じなければ機関紙さえ出せなくなってしまいますよ」

神村の話では、この間の出費が、組合費が中心の収入を大きく上回っているという。新事務所を構える時に危惧していたことだが、右肩上がりの組合員数を前提とした予算は、既に底を突きつつあったのだ。

「わかった。四役会議で論議しよう」

内憂外患とはこのことか。孝広は、天井を見上げると大きなため息をついた。

＊

秋になったとはいえ、日差しの厳しさはまだ残っている。

今日は山河通運の労災隠し、不当解雇事件の裁判が開催されようとしている。

川崎駅から市庁舎前を通り、横断歩道のハローブリッジを渡り、川崎南税務署を通過した先に、横浜地方裁判所川崎支部がある。

日差しを避けるように銀杏並木の陰に沿って歩く。

たわわになっている黄色く色づいた銀杏の実が、急がないと落ちるぞ、とでもいうように、その実を風に揺らしている。

裁判所の門前、木陰を選んで、委員長がマイクを握って訴える。神村と孝広たち組合員は、原告の藤村と共にチラシを配った。

「川崎市民の皆さん。働く仲間の皆さん。私たちは、川崎合同労組です。誰でもどの職種でも一人でも入れる労働組合です。現在、派遣労働者や有期雇用労働者が使い捨てにされる一方、正規労働者にもパワハラやサービス残業の強要が横行しています。異常な職場環境を変えるには仲間が必要なのです。一人で悩まず、是非私たちと職場環境の改善を実現していこうではありませんか……」

労組は今、二件の裁判闘争を抱えている。多い時は七件もあったが、公判が開かれるたびに行う、裁判所前での宣伝行動は欠かしたことがない。

道路に面した裁判所前は、バスの通行はあるものの、人通りは少ない。それでも支援者を集め、原告本人の自覚を促し、問題を社会化するためにも、この宣伝行動は重視している。

最近では国民救援会との連携も始まり、合同労組の公判には二桁の支援者が駆け付けるようになってきている。

「ご苦労様です」

「ありがとうございます」

約三十分の宣伝が終わり、支援者が法廷へと吸い込まれていく。

今日の法廷では、藤村原告の口頭陳述が行われる。

時刻丁度、五十席ほどある傍聴席を隔てた正面のドアが開き、黒い法衣をまとった裁判官が現れた。一同が起立して礼をすると、裁判長は代理人に向かって何か一言告げ、原告席に座っている藤村に向かって「どうぞ」という仕草をした。

紺の背広を着て、少し緊張しているように見える藤村は、用意していた陳述書を持って中央の証人席の前に立ち、裁判長に一礼すると陳述を始めた。

「……私は卒業と同時に山河通運に就職し、まじめに働いてきました。しかし、二年後に転勤した新しい職場では、月百時間を超える残業の毎日で、休日出勤はもちろんのこと、昼食さえまともに取れませんでした。体調の異変を感じたのは確か転勤から半年ほど過ぎた頃でした。……眠れないだけでなく、突然頭痛が襲ってくる日が続きました……」

大学を卒業し、大企業の幹部候補生として胸膨らまして入社した職場の実態は、彼が想像していた環境とは全く違っていた。

しかしこのまま長期休暇や欠勤が続くと、今年の成績や自分の将来にも影響があると、歯を食いしばって働き続けたのだ。

「……あまりのことに、職場近くのクリニックを受診しました。薬をもらって勤務を続けていましたが、ある日、朝起きようとしても体がいうことを聞かないのです。数日休んだ後大学病院に行き、自分が重度の鬱病にかかっていることを知りました。もちろん診断書を会社に提出し、休職しました。約三か月で復職しましたが、会社は鬱で休職していた私に何の対応も取ってくれず、復職したその月から、以前と同じ量の残業を私に命じてきました。悪夢のような苦しい日々が続きました。

私は、当然のこととして病気を再発しました。……私は休職と復職を繰り返すと同時に、パチンコやルーレット等の依存症になってしまいました。……そんな生活を繰り返している私に、妻は愛想をつかして家を出て行ってしまったのです」

　法廷は水を打ったように静まり返っている。

　当時の藤村は、自分の努力で自身の将来を切り開こうと必死で働いていた。

　その結果としての長時間労働が、彼の体を蝕み家庭を破壊したのだ。

「……私は自暴自棄になり、自殺を考え、もらっていた睡眠薬を全部飲んでしまいました。幸いにも、私を心配した母が家を訪ねてくれて一命をとりとめましたが、その時の後遺症で、足に障害を持つ身になってしまいました。……私は、これは長時間労働による労災ではないかと考えるようになりました。会社には社内の違法行為を告発できる、コンプライアンス部という部署があります。私は意を決して、サービス残業と長時間労働の実態を話して相談に乗ってもらいました。話を聞いてくれたコンプライアンス部の課長は、『まず労災申請をしましょう。サービス残業については社内で調査しますから』と言ってくれました。しかし、労災認定とはなりませんでした。私の膨大なサービス残業は隠ぺいされ、労働時間の記録は改ざんされ、産業医も会社の意に沿った形で私を長期休職させていたのです。……私は、家族も、自らの健康な体も、全て失いました。会社が二度とこんなことを繰り返さないよう、裁判所が早期に公正な判決をくだされることを切に願って、私の陳述とします」

　まだ青年の面影さえ残す藤村は、先生に対して課題を報告する生徒のように、まっすぐに裁判長に向かって一礼した。

「頑張れ！」

原告席に戻る藤村の背に、激励の声と拍手が飛んだ。

陳述が終わると、裁判長と弁護士の間で次回の公判日程の調整が行われ、この日の法廷は終わった。

陳述は、山河通運の違法行為をあますことなく追及する内容であった。

会社は長時間労働によって原告藤村の健康を破壊しただけでなく、職場ぐるみの隠ぺい工作を行い、さらに産業医まで抱き込んでの退職強要によって職場復帰を阻んだ挙句、休職期間満了での退職を演出したのだ。

ぞろぞろと法廷から出てくる支援者に向かって孝広が言った。

「今日の説明と今後の打ち合わせを行いますので、中庭に集まってください」

傍聴者が裁判所の庭の木陰に集まってきたのを確認し、代理人の岩崎が、今日の原告の陳述が成功だったことを告げ、次回の日程を述べた。

最後は孝広が、岩崎の言葉を引き取るようにして言った。

「何か質問ありますか」

原告の陳述は皆も聞いていることから、質問は出ようがなかった。

それを確認して、孝広は原告の藤村に目で合図した。

「本日はありがとうございました。次回の裁判もよろしくお願いいたします」

深々と頭を下げた藤村を、激励の拍手が温かく包んだ。

苦い酒

自宅に帰った孝広は、自室に籠るとビールを飲み、思い悩んだ。

孝広たちはこれまで、職場における過酷な労働実態やいじめを調査・告発し、団体交渉などを通じて過労死やメンタル疾患を労災認定させ、未組織労働者の組織化を行ってきた。

昨今では、電通における「過労自死」や川崎におけるグリーンディスプレイの「青年労働者の過労事故死」等、労災事件は社会的にも大きな問題となっている。

この二つの事例は、いずれも従来の労災認定の定義を大きく変えるものだが、残念ながら、司法の力を借りなければ労災とはならなかった。

厚生労働省の定義では、過労死とは長時間労働に伴う「脳疾患か心臓疾患」のことをいう。どこかおかしい。

先日、ＮＨＫで高校生ワーキングプアが特集された。

彼ら高校生の業は学業であり、夕方から夜にかけての生活のためのアルバイトは、いわば副業といえる。つまり彼らはダブルワークをしていることになる。

画面の中の彼らは明るかったが、こんなことが許されていいのだろうか。

さらに先日組合へ労働相談で来た女性労働者の中にも、子どもを親に預け、昼と夜のダブルワークで生活を維持している人がいた。彼女は日曜日には別の仕事をしているとのことだから、トリプルワークをしていることになる。

腰痛で仕事を続けられないから労災申請をしたいと相談に来た例の労働者も、人材派遣で職場を転々としてきた。

これらの労働者たちは、労災認定されることが極めて難しいだけでなく、次の日の仕事ができなければ、その時から収入の道を閉ざされることになる。

さらに、本来労働者を守るべき労災保険は、手続き的にも時間的にも被災者に大きな負担を強いる形になっている。

労災保険法は、二〇一四年の法改定により、労基署が労災を不認定とした場合に、行政訴訟ですぐに対抗することができなくなった。都道府県による労働局への審査請求と、国の労働保険審査会を経てからでなければ、行政訴訟としての裁判に持ち込めないのだ。

これでは、労基署の判断が下りてから裁判までに、最低でも一年以上を要してしまう。時間も金もない不安定な非正規労働者には、訴える権利さえ認められていないに等しい。

それに、仮にトリプルワークで過労死したら、どの職場を相手取って闘えというのか。職場を転々と移動してきた派遣労働者は、どこの現場で被災したと主張すればいいのか。

一方で、山河通運に見られるような、正規労働者に対する長時間労働の押し付けやサービス残業の実態も、間違いなく健康と職場秩序の破壊へと繋がっている。一部労働者へ無制限の労働を認める「高度プロフェッショナル制度」なるものは、こうした現実を無視した、国家による殺人行為の容認ともいえる。

これらの問題の根源には、現代の過酷な労働環境がある。

過度な競争と低賃金が、成果主義による異常な長時間労働を強制するが、その結果メンタル労災や過労死を生んだとしても、体調の異常は自己責任とされてしまうのだ。

こんなことが許されていいのか。

孝広は、悔しくてたまらなかった。

今求められているのは、ＩＬＯ第一八七号条約（職業上の安全及び健康を促進するための枠組みに関する条約）の批准に見合った職場環境の追求、そして一日八時間働けば生活ができる憲法第二十五条の実践と、生きがいある労働としてのディーセント・ワークの実現だ。

合同労組では、労働組合組織の一部に聞かれる「費用対効果」などといった逃げ口上に頼らず、極めて非効率的な闘いを進めている。

最近では、他の労組に所属する労働者も加入し始めた。彼らは、自らが所属する労組を見限って、合同労組に助けを求めてきたのだ。

働く者の命と健康を狭める現実を、俺たちは変えられるのか……。

「まだ起きてるの？」

洋子の少し怒ったような声が聞こえた。

「ああ、もう寝るよ」

そう言って孝広は、今度は焼酎を注ぎ足した。

狂った器

秋雨前線が活発になってきたのか、ここ数日は雨の日が続いている。

天候に左右されることはないはずだが、何となく孝広の心も沈みがちな気がする。

オフィスビルの入り口で、孝広は、沈んだ気持ちを振り払うように傘の滴を床に払った。

合同労組と川崎法律事務所は、定期的に打ち合わせを持っている。

もちろん一番忙しいのは弁護士だが、合同労組も多い時には六件から七件の裁判を抱えている。

裁判単位に打ち合わせを行っていたのではとても対応できず、都合がつく範囲で関係者合同での打ち合わせを行ってきた。

「ご苦労様です」

「お疲れ様です」

原告が集まってくると同時に、合同労組も四役を中心に各争議の担当者が集まってくる。

ビルの十階にある事務所の相談室は騒然としてきた。

最後に入ってきた岩崎弁護士が、赤いネクタイを両手で締めなおすようにして、皆を見渡して言った。

「それじゃ、トコスから始めましょうか」

「よろしくお願いします」

原告の小池と、主担当の清水女性部長たちが頭を下げた。

アメリカ資本の巨大スーパーマーケット、トコスにパートで勤めていた二人の女性が、身に覚えのない無断飲食をしたとの濡れ衣を着せられて解雇された事件だ。

「ところで、彼女の容態はどうですか」

岩崎弁護士が、少し心配そうな顔で原告の小池と清水部長の顔を見た。

「ええ、本人はいたって元気にしているのですが、御主人の話では、かなり難しいと思われます。本人も裁判に勝っても復職は難しいというのは自覚しているようです」

もう一人の原告である広永は、解雇後に癌を患った。彼女は低温職場への復職は無理だということを悟っているようだった。

「それじゃ、早い時期に和解へ持ち込むとして……。小池さんはそれでもいいのですか」

しばらく考えていた小池は、覚悟したようにぽつりと言った。

「悔しいけれど、仕方がないですね。それに彼女が戻れない職場には、私も戻りたくありませんから」

スリムな体にジーパンという出で立ちの小池が、細い体を両腕で包み、唇を噛みしめる。

「……わかりました。それでは裁判所の和解提案には乗るということにします」

話を聞いていた清水が身を乗り出すようにして言った。

「先生、病気はわかりますが、何とかならないのですか。濡れ衣を着せられた上に、相手が証拠として提出してきた動画も偽物だったじゃないですか」

彼女の言う通り、会社が無断飲食の証拠として提出してきた動画は、業務命令による試食会のものであることが同僚の証言で判明していた。

そもそも二人は、職場の衛生環境に問題があると上司に進言し、これを無視しようとする上司との争いがあり、〝うるさいやつ〟とのレッテルを張られていた。

解雇された日の朝、たまたま調理場に残っていたハムの切れ端を上司が発見し、朝食代わりに無断飲食したのではと二人を詰問、職場で喧嘩になってしまったのだ。

証拠もなく、現場を押さえたわけでもない。〝うるさいやつ〟だと日頃から煙たく思っていた彼女らを追い出そうとしているのは明らかだった。

さらに、パートという立場の彼女らに一度も弁明の機会を与えず、その場で解雇を言い渡し、即刻退場を命じたという、いわゆるロックアウト解雇事件なのだ。

「私は納得できませんよ。こんな明々白々な不当解雇を和解で解決するなんて」

清水は悔しさを体で示すように、ノートに走らせていた赤いボールペンを投げ出した。

「まあ、清水さん、事務所に戻ってもう一度話し合いましょう」

神村が取りなすように言う。

岩崎弁護士が、確認するように清水と孝広の表情を交互に見て言った。

「よろしいですか。……それでは次の山河通運の案件に移ります」

「先生、先日の陳述は成功でしたよね」

山河通運の主担当である孝広は、意気込んで尋ねた。

「まあ、そうでしょうね」

笑いながら岩崎弁護士が答えた。

「ところで横浜地裁でこんな判決が出ましたよ」

そう言って岩崎弁護士は、孝広と藤村の前に判決文を示した。

そこには、ある産業医の意見が信用できない旨が述べられている。山河通運の産業医と同じ医者だ。

岩崎は山河通運の訴状の中でこの産業医も被告としていたし、提訴時に厚生労働省で行った記者会見でも、ブラック産業医として告発していた。

原告藤村の主治医が、藤村の職場復帰が可能であるとの診断書を二度に亘って提出していたことも、会社がそれを否定して休職満了による自然退職としたことも、これで裏が取れたといっても過言ではなかった。

「長時間労働によるメンタル労災を隠すために、サービス残業は隠ぺいする。あげくは産業医を抱き込んでの解雇。これで勝利判決は約束されましたよね」

岩崎の目を見てたたみ掛けるように話す孝広に、岩崎はちょっと待てというようにして言った。

「そこまでは言えないけどね、有利になったことは確かですね」

会議室に笑い声が響いた。

しかし、孝広は心の底から笑うことができなかった。

こんなことが許されていいのだろうか。

大学を卒業して一生懸命働く青年労働者の気持ちを利用して、土曜も日曜も関係なく際限なく働かせる。それも、成果を出さなければ昇格できないと脅し、限界まで。いや、限界を超えていたからこそ、彼はメンタルを患ってしまったのだ。

それを今度は自己管理ができていないと非難し、産業医や管理職まで一体となって退職へと追い込んでいく。まさに藤村は、成果主義と自己責任が生んだ犠牲者だ。

一昔前までの職場には、目標に向かって「みんなで頑張ろう」という気風があった。

それは、労使共に同じだと言えた。ところが、派遣法の導入以降非正規労働者が増え続け、今日では二千万人もの労働者が不安定で低賃金な労働条件で働かされている。一度落ちたら二度と這い上がれないアリ地獄のような就職環境が存在し、過労もいとわずサービス残業さえ進んで必死に行う風土ができてしまっている。

「ともに頑張ろう」のスローガンは「あなたの目標、あなたの成果達成に向けて頑張ろう」に、共同責任体制は自己責任に、それぞれ取って代わった。

器が変われば食材の味まで違って感じるといわれ、金魚は金魚鉢の大きさに合わせて体を大きくするといわれる。

ゆとりのない過酷な器と化した職場は個の違いを許さず、会社や上司の命じる方向だけを向くことを強要する。

「山河通運労組は、今回の長時間労働や労災問題では、君に何て言ってたの？」

孝広が藤村に向かって聞いた。藤村が少し怒ったように答える。

「労組の支部書記長は『会社に聞いておく』と言うだけで、なしのつぶてですよ」

「それだけか」

孝広は驚いて、藤村の顔を見つめた。

経済の発展や科学の進歩と、社会におけるそれは異なるということを前提としても、個性の存在を許さない今日の職場の在り方は、明らかに間違った方向へ進んでいる。

器が異常な変形をしようとしている時、一番早くそれに気付くのは、内部の労働者であり、労働組合のはずだ。

孝広の懐疑的な顔を見て藤村は、説明するのも無駄だが、という顔をして続けた。

「組合はあくまで中立的立場から会社とあなたの言い分を聞きますが、その是非は判断できません、と言うのです」

「中立！　そんな馬鹿な」

労働者と会社の中立的立場だというのなら、その組織はもう労働組合ではない。

孝広は、怒りが込み上げてくるのを抑えきれなかった。

しかし、そもそもその「労働組合」の組織率ですら、今日十六％〜十七％しかない。そしてその多くは、ユニオンショップ制度という、会社と運命共同体的な、得体の知れない束縛をかけられている。山河通運の労組も、このカンパニーユニオンである。

時に、一部の労働者がこの壁を破って闘おうとしても、労使一体となって阻止されるのが実態だ。

孝広はつぶやいた。

「ちくしょう、こんなの労働組合じゃない……」

考え込んで沈み込む孝広を、もう一人の孝広が励ます。だからこそ川崎合同労組は、コミュニティユニオンとして器の外に身を置き、職場環境の改善と社会進歩を両立させる労働組合として運動を進めているのではないのか。

決意するように孝広は言った。

「先生、徹底的に闘いましょう」

しかし孝広は、窓に打ち付ける雨を見つめながら、噴き出てくる怒りを抑えることができず、焦りのようなイラ立ちを覚えるのだった。

四役会議

「ご苦労様です。今日の議題は重要案件の状況と、財政問題の今後についてです」

　定例の四役会議は、いつになく重い空気が漂っている。

「まずは喫緊の課題として、このままの財政では組織として成り立たないとの報告を受けての会議です」

　議題については各自に事前通知している。

　財政担当の神村が口火を切った。

「ご存知のように、昨年新事務所を開設してからというもの、危惧していたように支出が大幅に収入を上回っており、このままでは財政的に行き詰まってしまうことは明らかです」

　神村の説明では、収入の柱である組合費が思うように伸びていないだけでなく、裁判関連の細かい出費も重しとなり、機関紙の発行もままならない状況にあるとのことだ。

「どのくらい赤字なんだ」

　不機嫌な顔をした委員長が、説明している神村の顔を覗き込むようにして言った。

「ですから、月二十万の赤字が続いているので、半年後には底を突いてしまいます」

　黙り込んでしまった皆を見て、孝広が言った。

「現実は現実として、これからどうしていくかの提案をしたいと思います」

　孝広は、連絡を取っても返答のない幽霊のような組合員への機関紙郵送を止め、同時に郵送方法を八十四円の封書から六十四円の簡易郵便書簡に切り替えること、新年会やレク行事の組合補助や負担を軽減すること、上部団体である川崎労連への登録費を削減することを提案した。

「川崎労連への登録人員減はいいとして、それでどの程度支出を抑えられるのかね」

委員長が真剣な眼差しで孝広に聞いた。

「組合員の厳格化による削減と郵送方法の変更で、機関紙経費の三十％程度は軽減できると考えていますが、収入増が難しいと思っています」

しばらくの沈黙の後、ふたたび孝広が言った。

「機関紙を有料で購読してもらいましょうか」

孝広は、日頃から合同労組の裁判闘争や活動に関心を持っている人たちがいることを知っていた。この人たちに、もう一歩自分たちの活動を知ってもらうために、今まで無料で配布してきた機関紙を購読してもらおうと思ったのだ。

「それはいい考えですね」

神村が膝を叩いて同意した。

孝広の試算によれば、支出の最大の科目は事務所維持費だが、次は機関紙の発行費用と交通費だ。交通費は執行委員の各行事や会議への参加に必須であるし、これを削るということは考えられない。しかし、機関紙発行は努力次第では収入原資にすることができるかもしれない。

「ちょっと待て、うちの機関紙を他の組織に買ってもらうのか」

委員長が、何でそんなことをしなければならないのだという顔で孝広と神村の顔を見た。

「考えられることは何でもやってみようということですよ」

「そうですよ。産別と違って、地域にも私たちの運動を知ってもらうことは有意義だと思いますよ。労働者だけでなく、広く市民を対象にお願いしてみましょうよ」

孝広と神村は、委員長を必死に説得した。

「わかったよ。俺が二、三十部頼んでくればいいんだろ」

委員長が憮然とした顔で神村と孝広の顔を見て言った。

委員長は、組織の機関紙は組織内でしか価値がないと思っているのかもしれなかった。産別活動家を長年やってきた者からすれば当然なのかもしれない。しかし、孝広たちの今の運動は市民と一体となって未組織労働者の組織化を進めることなのだから、機関紙も一般の市民が関心を持つ内容でなければならないはずなのだ。

少し険悪になった空気を振り払うように、清水が言った。

「自前の会議室はいいけど、事務所経費はいくら節約しても限界があるわ」

事務所の電気や水道は、これまで既に節約してきた。

ハッとしたように神村が言った。

「事務所を貸し出しましょう。川崎労連加盟の他の組織も会議室をとるのに四苦八苦しています。この事務所の会議室部分を貸し出しましょう。それにうちのコピー機を使ってもらえば、使用料も請求できるし経費の削減にもなりますよ」

「あ、それはいい考えかもしれないわ。会議室を貸してくださいと言ってくる人が時々いるのよ」

「いいですね。新事務所を収入源の一部にできれば」

次々と出てくるアイデアに、重苦しかった部屋の空気は変わりつつあった。

この日の会議で、機関紙発行費用の二割以上を削減できる郵送方法の変更、組合事務所の会議室部分をカーテンで区切って他の組織に会議室として貸し出すこと、機関紙の有料化が決まった。

これらのことによって最大の支出項目である事務所維持費が軽減され、一部ではあるが、機関紙の有料読者の獲得による収入増が望める可能性も生まれ、当面の財政危機は脱するめどが立ったといえた。

さらに来年度には、組合費のワンコイン値上げを提案することとし、抜本的財政改善を大会議案で提案することとした。

これらの施策も含めれば、支出の三割が削減できるだけでなく、収入の四割程度の増加が見込める。

孝広は、地域的協力も含めた皆の知恵で財政危機を乗り越えようとしている姿に、これこそコミュニティユニオンだと実感するのだった。

第３章　雇止め

脱法行為

　孝広は、執行委員会のレジュメ作りに没頭していた。

　外は木枯らしが吹き、事務所から見える街路樹も、僅かに残った深緑の葉を必死に守っているようだ。

「神村君、労働委員会の方はどうなった」

「来月の十日にあっせんが入っています」

　毎月のことだが、執行委員会には、法廷闘争や労働委員会闘争、そして団体交渉を含めた各案件を論議するために、その進捗状況と課題を記述したレジュメを提出しなければならない。

　各案件の担当者だけでは、皆の経験や知識を生かすことができない。レジュメでは、なるべく客観的に、そして詳細を漏らさず論議の素材を提供する必要がある。

「ところで、派遣労働者の労災申請はどうなった」

「まだ何も言ってきませんが難しいと思いますよ」

神村もまた、担当案件の記述で手一杯という顔だ。

電話が鳴った。

嫌な予感がしたが、パソコンの画面から目を離さないまま、孝広が受話器をとった。

「はい、川崎合同労組ですが」

職場のパワハラやサービス残業の告発は毎日のようにあるが、組合のホームページを立ち上げてからは、名前も名乗らず、苦情だけを長々と述べるだけの者も少なくなかった。

「……えっ、なに、満五年直前での雇止めなの？」

首と肩の間に受話器を挟んで話を聞いていた孝広は、受話器を持ちなおした。

隣でパソコンを打っている神村も手を止めている。

「できれば事務所に来て詳しい話を聞かせてくれませんか。電話では、よくわからないこともありますので」

またかという顔で、神村が孝広を見ている。

先日も、五年を目前に雇止めにあったという若い女性が相談に来た。

二〇一三年の労働契約法の改正により、五年以上同一の使用者の下で有期雇用契約を継続している場合、無期雇用に切り替える権利を労働者が持つこととなった。

あまり知られていないかもしれないが、この権利が生まれる前に経営者が無期雇用を嫌って雇止めすることが多いのだ。

「……ええ、ここの場所がわからなかったら電話をください。迎えに行きますので。それから、来るときには雇用契約書とか、給与明細書等、勤務していたことを証明する書類を持ってきてください。……えっ、今日ですか、今日は夜会議があるので、その前でしたら……四時頃でしたら大丈夫ですが……はい、それではお待ちしています」

静かに受話器を置くと、孝広は神村に向かって言った。

「今度の労働者は、かなり怒りを持っているようだよ。今日来るそうだ」

「当たり前ですよね」

神村も当然という顔で応えた。

時計を見ると三時を既に過ぎている。レジュメを急がなければならない。

孝広は、神村に向かって急げというように画面に向かって人差し指を突き出した。

先日の女性は怒りをぶちまけたものの、孝広と神村の説得にもかかわらず、あんな会社に勤め続けたくないからと次の職場を探すことを譲らなかった。結論としては組合へ入らず、交渉することも拒否したのだった。

だったら相談に来る必要がないじゃないかと二人は顔を見合わせたが、本人は話すことができてすっきりしたのか、聞いてくれたことに礼を言うと帰ってしまった。

しかし、こんなことを許しておいていいのか、との思いが残っているうちに今の電話だ。

孝広は、こんな相談が続くことが腹立たしかった。

労働契約法の改正による無期雇用の権利は、安定した生活と雇用を目的としていたはずだ。しかしこれでは、逆に雇止めが起きてしまうこととなり、法律の趣旨に反して雇用不安の火種を作っていることになる。

孝広は、今度こそとの思いで、残っていた執行委員会のレジュメ作成作業に戻った。

＊

「えっ、山河通運なの？」

孝広は絶句した。

四時ぴったりに現れた相談者が、オーバーコートをハンガーに掛けている間の雑談的会話で、彼の職場が山河通運だとわかったのだ。

まさに今、藤村が裁判で争っている企業ではないか。

「それで、会社は何て言っているの」

相談者の柿崎は、背広とネクタイ姿で、まじめなサラリーマンといった出で立ちだ。

柿崎は仕事の内容や職場での立場を説明し、職場自体も彼の雇止めによって困惑している実態を述べた。

「以前の契約更新時には何て言われていたのですか」

「初めは君の働き具合と、会社の経営状況次第では長く働くことも可能だと言っていましたし、去年の更新時には、来年も何とかすると確約までしてくれていました」

「それは誰が言っていたの？」

「契約更新の時ですから、所長ですよ」

柿崎は入社二年目に、退職した社員の仕事を引き継いだことから、顧客からの受注処理から車の手配まで、外部との交渉を一手に引き受けていた。

彼には妻と二人の子どもがいたこともあって、残業もいとわず働いてきた。

忙しい時には、昼食が三時になることもあったという。

彼にしてみれば、安定した生活のためにもこのまま勤め続けたいとの一心で必死だったに違いない。

孝広は、人の弱みというか、淡い希望を利用する、こういうやり方が許せなかった。

「いつ雇止めだと言われたのですか」

「先月の初めです」

「あなたにしていた約束については、何と言い訳したのですか」

「努力したけれど会社の決まりでどうにもならなかったと言っていました」

「職場には労働組合がありますよね」

「ええ、一応相談しましたが、全く相手にしてもらえませんでした」

「それに彼ら正社員の幹部は、仕事は一緒にしていても僕らのことを同僚とは思っていませんよ」

柿崎の目が少し赤くなる。

「彼らにどんなに訴えても『会社に聞いてみる』だけですよ。これっぽっちも心配しないんですから。私と同じ立場の他の人たちも皆泣き寝入りで辞めていきましたが、私はどうしても納得できなくて……」

孝広は不思議に思った。

「組合は取り組まないと言ったのですか」

「いや、詳しくはわかりませんが、組合と会社は、原則五年未満での雇止めについて協定しているようです」

そこまで言って、柿崎は下を向いた。

労働組合が、労働契約法第十八条による無期契約社員制度について会社と話し合って、五年になる前に雇止めするとの協定を結んでいるということか。

そんな馬鹿な。脱法行為を、会社と一体になって労働組合が認めるというのか。

孝広は、もはや利権集団に堕落している日本の労働組合組織、企業別組合の実態を痛感せざるを得なかった。

労働契約法第十八条の立法の趣旨は、「有期雇用契約者は、何年更新し続けても非正規労働者として低い待遇と不安定な雇用により経済的な自立が困難であり、将来の展望も描けず社会不安の元凶ともなっている」ことから、「無期転換ルールは、有期労働契約の乱用的な利用を抑制し労働者の雇用と生活の安定を図ることを目的」とするものだ。

立法府が不安定雇用労働者を心配しているのに、労働組合が企業と同じ立場から、労働者の働く権利を奪おうというのか。

しかも今日の組織労働者の大半が、こうした労働組合に所属しているのだ。

孝広は吐き気を覚えると同時に、次の言葉が出なくなってしまった。

聞き取りが一段落したところで、神村が言った。

「ところで、これからの生活はどうしていくつもりですか」

労働者にとって、いや労働組合にとっても、生活を守ることを第一義に考えなければならないのは当然だ。まして彼には妻と二人の子どももいる。

しばらく考えていた柿崎は、力なく言った。

「雇用保険もありますし、当面は僅かなたくわえを食いつぶしていこうと思います。その後は……故郷に帰ろうかとも思っています」

孝広に、ふつふつと怒りと悔しさが込み上げてくる。孝広たちの労働組合にもっと力があれば。違法行為とわかっていても、その行為を正すためには金も時間も求められる。しかし、それらの保証をするだけの力が、今この組合にはない。

困惑してノートを見つめている孝広に向かって、柿崎が言った。

「同僚たちが労働局へ相談に行って、でも結局何も動きがないので黙って職場を去っていく姿を見て、これじゃだめだと思って……。何とかならないかと思ってここへ来たんです」

労基署は労働基準法しかチェックしないし、労働局には個人の訴えをあっせんする場はあるものの、強制力はない。会社が拒否すればあっせん不調で終わってしまう。

必死にもがく彼らの姿が目に浮かび、孝広は頭を振って唸るようにして言葉をひねり出した。

「これは違法ですよ」

柿崎は少し考えていたが、孝広の顔を覗き込むようにして言った。

「裁判以外に方法はあるのですか？」

孝広は一瞬言葉に詰まったが、それでも怒りの方が勝っていた。

「勝てますよ」

「それって裁判のことを言っていますか？」

柿崎の方が冷静だった。

しかし、孝広は続けた。

「そうです裁判です。でもその前に組合として団体交渉で雇止めを撤回できる可能性もあるし、最悪裁判になったら組合として全力で支えます」

そこまで言った時、神村が孝広の横腹をつついた。

顔を向けると、神村が眼鏡に手をやって、孝広に視線を送っている。

その目には明らかに、感情に流されて無理な約束をするなとの警告が含まれている。

孝広も〝黙れ〟というように神村を睨んだ。

しばらく考えていた柿崎が意を決したように言った。

「相談に来たんだし、その可能性に賭けてみますか」

その可能性が何を指しているのか不明だったが、孝広は唇を噛みしめて言った。

「こんな脱法行為を認めるわけにはいきませんよ」

孝広は立ち上がった。

「団体交渉を申し入れましょう。うちの労働組合に入ってください」

柿崎はニッコリ笑って頷いた。

孝広が柿崎に握手を求める。

二人の手が強く結ばれているその上に、神村の手が静かに乗せられた。

孝広たちの熱い思いとは裏腹に、窓には冷たい風が吹きつけていた。

団体交渉

委員長を先頭に、孝広と神村そして柿崎が団体交渉の会場へと向かう。

組合員の食事処、「天龍」も軒を連ねる飲食店街仲見世道りを右折、銀柳街を抜けて左折、スクランブル交差点を渡ると、目の前に川崎商工会議所の建物がそびえ立っている。

川崎商工会議所は、他の企業との団体交渉でもよく使う場所だ。

団体交渉の会場となる会議室では、双方が定刻より早く席に着いていた。

会社側は全員スーツ姿だが、組合側は柿崎を除いて委員長を先頭にジャンパーにジーパンと、服装は対照的だ。

会社側は、弁護士三人の他に、山河通運の社員としては総務課長が一人出席しているだけだ。

名刺交換が終わると、禿げ頭の委員長がおもむろに尋ねた。

「時間の少し前ですが、始めてよろしいでしょうか」

相手が頷くと、委員長は一礼して話し始めた。

「本日は要請にお応えいただきありがとうございます。主旨については、団体交渉申し入れ書に記載しておりますが、詳細については、書記長の古田から説明いたします」

委員長が頼むよ、というように孝広に目で合図を送った。

「それでは私の方からご説明いたします」

孝広は、この雇止めは労働契約法の脱法行為であること、職場の上司も彼が続けて働くことを望んでおり、口頭ではあるが継続して勤務できるようにすると約束していたことを説明し、満五年の一日前に雇止めすることの異常さを追及した。

黒縁の眼鏡を掛けた会社側の弁護士が、ノートにペンを走らせながら言った。

「確かに所長さんは続けて働いてほしいと言ったようですが、それは、下請けの職場に移ってもらうことを前提に言ったようです。

残念ながら、下請けさんにその気がないということで希望に添えなかったということですよ。それに契約書には、五年以上契約しない旨が記載されているじゃありませんか」

孝広は、相手の発言を遮るように反論した。

「雇止めする理由がないことはわかりました。しかしつまり、彼を下請けとしてでも職場に残したいと上司は思っていたのですね」

「いやいや、そこまではわかりませんよ。柿崎さんの希望に添えるよう努力しただけかもしれません。契約書には五年以上契約しない旨がはっきりと書いてあり、柿崎さんは四回もその契約書に署名捺印しているのですから、全く問題ないと思いますよ」

彼らには人の生活や雇用不安が理解できないのだろうか。

孝広は歯ぎしりする思いでさらに反論した。

「契約、契約と仰いますが、この契約が自由な意思で結ばれたものと言えるでしょうか。もしこの五年の文字が気に入らないと拒否したら、その時点で彼は失業を覚悟しなければならなかったんじゃないですか。これが対等な立場での契約といえるでしょうか」

孝広は、問い詰めるように目を見開いて弁護士を睨んだ。

「それは主観の問題ではないでしょうか」

「どういうことですか」

食い下がる孝広の方へ、待てというように手を広げて委員長が言った。

「会社は五年ルールを知っていてこの契約書を作ったのでしょ。つまり脱法行為を認識していたのではありませんか」

今度は弁護士が話を遮るようにして言った。

「契約は契約で、法的に問題ありませんよ」

「そんな馬鹿な」

神村が、二人の間に入るようにして言った。

「労働契約法の五年ルールを知っていての雇止めでしょ」

「いやいや、あくまで契約ですから」

結局この日の交渉は、会社代理人の弁護士と組合の間でどうどう巡りの問答が続いた。

最後は、委員長があきらめたように言った。

「双方の主張は述べたと思いますので、私たちとしては、雇用の継続を望んでいるということで、再検討いただくということではどうでしょうか」

弁護士が広げていたノートをたたむと言った。

「検討しろということなら検討しますよ」

孝広は我慢ならなかった。

「雇用を守る方向で再考してほしい、ということですよ」

委員長が孝広を制止するようにして言った。

「是非、書記長の言うように前向きな検討をお願いして、今日の交渉を終わりたいと思います」

「わかりました」

弁護士は何か言いたそうだったが、飲み込むようにして頷いた。

双方が立ち上がって一礼して、この日の交渉は終わった。

帰り道、横断歩道を歩く孝広たちに、冷たい風が追い打ちをかけるように吹いてくる。

孝広がつぶやくように言った。

「何でこんなことがまかり通るのかなー」

団体交渉の熱から一変、突きつけられた現実が、孝広の心にも冷たい風を吹き込ませていた。

執行委員会

団体交渉から一週間後、組合の意向には添いかねるといった簡単な回答書が、柿崎の捺印がある四枚の有期雇用契約書のコピーと一緒に弁護士事務所から送られてきた。

期待できないことはわかっていたものの、こうして現実を目の前に突きつけられると気持ちは落ち込む。それは当事者であればなおさらだ。

孝広は柿崎を激励し、すぐに川崎法律事務所へ行って提訴に向けた打ち合わせを持った。

今日の執行委員会は、その結果を踏まえて開催される。

委員長が禿げ上がった頭をなでるようにして言った。

「今日は時間がかかりそうだから、手際よく進めましょう。それでは書記長、提案してください」

委員長の発言に頷いて、孝広は提案を始めた。

「今日の欠席は、大本さんと、八木さんで、お二人とも体調がすぐれないとのことです。各部の報告はそれぞれからお願いするとして……今日は、山河通運の五年問題についての闘い方と現状を中心に論議してもらいたいと思います」

合同労組の執行委員は高齢者が多い。もちろん本来なら青年や中年が中心とならなければならないはずだが、労働相談や裁判闘争に無償で参加できる者となると、年金受給者が中心とならざるを得ない。専従者を雇うほどの力は孝広たちの合同労組にはない。

孝広は、この間の団体交渉の結果と、川崎法律事務所での弁護士との打ち合わせ内容を話し始めた。

この事件は、労働契約法第十八条で認められた、満五年で無期契約社員となる権利を争う初めての裁判になるかもしれないこと。したがって注目されることは必至であり、間違っても負けるわけにはいかないこと。そして弁護士は勝利判決を得るために労働法学者の意見書も提出したいと言っており、そのための費用が必要であることを報告した。

「それじゃ、カンパの依頼もしなきゃならないのか」

執行委員の一人がびっくりしたように質問してきた。

女性部長の清水が確認するように言った。

「どの程度の金額なの？」

孝広は少し考えてから皆を見渡すようにして言った。

「大学の先生にお願いするわけですから、論文を一本お願いするとして、五十万円程度ではないかとの話です」

皆声が出ないでいる。

意を決したように孝広は続けた。

「歴史を作るには金も必要なんですよ」

この判決には山河通運にいる数千人の契約社員の将来がかかっているし、言い換えれば全国数十万、それ以上かもしれない有期雇用労働者を含めた非正規労働者の将来がかかっているともいえた。

しばらくの沈黙の後、執行委員の一人が言った。

「俺たちだけで、闘えるのか」

続けて少し腰の引けた意見も出てくる。

ざわついてきた場を抑えるように、委員長が言った。

「俺たちが闘わないで、誰が闘うんだ。未組織労働者を結集させることが俺たちの使命だとすれば、チャンスだと思って頑張ろうじゃないか」

孝広が続けて言った。

「お金も必要ということは、運動を従来のレベルから大きく飛躍させなければならないことを示しています。どうしたらより大きなうねりのような運動を起こしていけるのかを皆で考えていくべきです」

執行委員会の空気が、少し落ち着きを取り戻した。

神村は腕を組んだまま考えていたが、手を挙げて発言を求めた。

委員長が指名した。

「神村、何かいい案でもあるのか」

「いや、妙案などあるはずがありませんが、今私たちが持っている力を全力で出せば、そしてあらゆるツテを辿っていけば可能だと思ったのです。まず川崎労連の仲間に訴え、神奈川労連に訴え、ゆくゆくは全労連の力も借りて、署名とカンパを集めましょう。私は幹事をしている神奈川地域労組協議会に訴えてきます」

神村の発言をきっかけに、それぞれの立場から提案が出された。

機関紙部は特集を組んで署名用紙を同封することを提案し、組織部は過労事故死のグリーンディスプレイ事件で連携を取った、国民救援会に協力を依頼することを提案した。

もちろん、人の集まるメーデーなどの集会では組合として署名活動に取り組むことも決まった。

執行委員の一人は、元の職場の人たちにも訴えると決意してくれた。たった百名ほどの組合だが、知恵と力を結集すれば、そして仲間を信頼すれば、大きな力が出せる。

孝広は論議を聞きながら、勇気と確信が湧いてくるのだった。

署名活動

春一番が、街ゆく女性にスカートを押さえさせている。

JR川崎駅前の地下街アゼリアロの脇にハンドマイクが置かれ、手すりには横断幕が張り付けられ、柱には国民救援会の黄色い幟と、合同労組の赤い幟がはためいている。

合同労組委員長がマイクを握った。

「川崎市民の皆さん。川崎駅頭をご通行中の皆さん。私たちは、川崎合同労組と国民救援会川崎支部です。本日は、今、横浜地方裁判所川崎支部で争われている解雇事件について署名をお願いしています。現在日本には、非正規労働者という、無権利で雇用の不安定な労働者が二千万人いると言われています。この人たちの権利を守るための署名です。……是非署名にご協力いただき、安心して暮らせる職場を、一つでも多く作っていこうではありませんか……」

合同労組と国民救援会は話し合いの結果、広く市民への訴えが必要だとして、裁判所前での当日宣伝だけでなく、最も人出がある日曜日の駅頭でも宣伝署名活動を行うことにしたのだ。

総勢三十名あまりの人間が横断幕を掲げ、ブルーのチラシを配る駅頭での宣伝署名活動は、選挙でも始まったのかと人目を引いた。

署名はこの日までに二千筆を超えていたが、郵送で送られてきたものや、組織的に取り組んでくれたものでも、署名用紙が五名連記となっていることから、空欄のある用紙がかなりの数に上った。

広く市民への訴えを行うと同時に、この空欄を埋めることも駅頭宣伝の一つの目的だった。

孝広は、まっさらの署名用紙より、残り一名といった用紙を差し出す方が署名が集まりやすいことを、長年の経験からもわかっていた。

だからこの署名活動は一石二鳥の活動だった。

「あっ、小畑さんじゃないですか。お願いしますよ」

孝広は書名用紙を小脇に抱え、先日息子さんの職場におけるパワハラ問題で相談に来た彼女の行く手を阻むように走り寄った。

「あら、古田さん。どうしたんですか」

びっくりしたように彼女は孝広を見た。

「すいません。署名をお願いしたくて」

孝広の差し出した署名用紙を見て、彼女は怪訝な顔をした。

「これ、もう送りましたよ」

「あっ、すいません。ありがとうございました」

機関紙に同封した署名用紙の返信は、かなりの数に上っていた。彼女はいち早く返信してくれた一人だった。

「頑張ってくださいね」

「はい、ありがとうございます」

小畑は笑顔になって、手を振りながら去って行った。

孝広は小畑に頭を下げながら、先日裁判所へ署名を提出した時のことを思い出していた。

＊

孝広は裁判所五階の書記官室を、千筆分の署名を抱えた柿崎と救援会幹部とで訪ねた。

書記官室には数名の人間が机を並べている。

孝広は、入口近にいた若い書記官と思われる男に事件名と来所の趣旨を述べると、男は驚いたようなそぶりで、担当書記官を探してくると言った。

しかししばらくすると戻ってきて、不在であると告げた。

孝広は、その男に来所の趣旨を話し始めた。

「山河通運事件の公正なる判決を求める署名を持ってきましたので、担当書記官にお伝え願います」

「あっ、はい、わかりました」

紺の背広を着た男は、署名簿をめくりながら孝広の顔と見比べている。

「これは山河通運で数千人、全国で数十万人ともいわれる有期雇用労働者が注目している事件です。是非裁判長に、早期に公正な判決をお願いしたいと署名を持って来ました。多くの労働者市民が注目していることをお伝えください。よろしくお願いいたします」

孝広は深々と頭を下げた。

書記官室を退席する時、委員長が孝広の耳元で囁いた。

「ところで、彼の腹は固まっているのかな」

彼とは柿崎のことだ。

孝広は、裁判所の廊下を歩く皆と距離を置いてから言った。

「彼自身は当初、一年で国に帰ると言っていましたが、最近ではまだ時間はあると言っています。同じ立場で裁判をしている東京の原告の前では『必ず裁判に勝利して共に職場復帰しましょう』って宣言していましたよ」

委員長は、小さく頷くと孝広の肩を軽く叩いた。

孝広も柿崎の変化を感じ取っていた。打ち合わせのたびに柿崎から生活の状況や家族のことを聞く中で、彼の中で闘う力が大きくなってきているのを実感していたのだ。

＊

風も暖まり、組合恒例の筍と梅もぎのバスハイクの実行委員会が開催される季節になってきた。

川崎法律事務所では、山河通運のもう一つの事案である不当解雇事件の原告藤村と、組合四役と神村、そして弁護団との深刻な話し合いが続いていた。

「でもそれじゃ、勝利とは言えないでしょ」

珍しく委員長が弁護団に食って掛かっていた。

「落ち着いてください。さっきも言ったように、地裁で勝てるとは思いますが、会社は当然控訴してくるでしょう。しかし、今の高裁の現状を冷静に見ると、勝利の保証は難しいと言っているのですよ」

話し合いは、何度も同じことを繰り返していた。

弁護団は裁判所における「和解」を進め、組合は判決を取るべきと主張していた。

神村が言った。

「弁護団の言うこともわかりますよ。しかし組合の立場と考えも理解してもらいたいと思いますし……、一番大事なのは当該の気持ちだと思います」

皆の目が藤村に向けられた。

「いや私は、……」

そこまで言って藤村は口をつぐんでしまった。

彼にしても悩んでいるに違いなかった。

裁判闘争は勝利を確信できるものだったし、何より委員長の言葉は、これに反する意見を述べることを許さない空気を作り出していた。藤村には、今まで共に闘ってきてくれたことに対する感謝もあるだろう。

藤村の無言の意味を察して、孝広が口を開いた。

「会社はこちらの要求を飲むつもりですかね」

組合としては、まずは職場復帰を、それが叶わないなら、最低でも労災を事実上認め、謝罪すると同時にそれ相当の慰謝料を積むことを要求していた。

和解であれば、謝罪や慰謝料の請求は難しい。

争議は既に三年目を迎えようとしている。

当事者であれば、悔しい反面、一刻も早くこの緊張と不安の蠢く地獄のような環境から抜け出したいに違いない。

少し合間を持って、岩崎弁護士が口を開いた。

「飲むという感触は、かなりあります」

孝広は、頷くようにして言った。

「謝罪は無理として金額的には一定の水準、つまり高裁で勝った水準での和解なら問題はないんじゃないですか」

委員長は少し不満をにじませながらも、孝広の言葉に無言で頷いた。

神村がニッコリ笑って言った。

「それじゃこれで決まりですね。先生、交渉で高裁勝利判決水準の和解にしてください」

神村のとんでもない要求に皆の顔がほころんだ。

「藤村さん、どうします？」

孝広の問い掛けに対する、藤村の緊張が解けてほっとしたような顔が答えを示していた。

「それで、……お願いします」

藤村の言葉で、皆の意思統一ができたように感じられた。

その後、細かい打ち合わせがあり、この日の弁護団との話し合いは終わった。

法律事務所からの帰り道、委員長は孝広に少し不機嫌な顔をして言った。

「これで、この争議は本当に勝利したと言えるのかな」

孝広と神村は、声をそろえるようにして言った。

「もちろんですよ、後は先生たちの仕事ですから」

委員長は少し首をかしげたものの、わかったというように笑った。

その月の機関紙の表題には、当然のように「山河通運労災隠し不当解雇争議和解交渉へ」の文字が躍っていた。

そしてその二か月後、藤村の山河通運事件は解決した。

組織労働者の責務

山河通運労働契約法脱法事件に対する署名は、次々と集まり始めていた。

また、同じように雇止めされた労働者が東京でも裁判で闘っていることがわかり、合同労組としても連帯して闘うことを確認していた。

提訴時には記者会見もしたことから、山河通運事件は全国的にも知られるところとなり、大阪からは社内情報も寄せられた。

情報によると山河通運は、労働契約法の施行に合わせて労使協議し、一部の条件を満たす地域を除いて五年以上の契約を結ばないとしていたそれまでの社内規定を変更、無期雇用とするかどうかは契約開始から三年後に判断するとし、その検討期間を明記するという。

これは明らかに、裁判も含めた社会的批判に対応するものだ。

しかし得られた情報では、組合との協定の変更については一言も触れられていない。

労働者の味方であるはずの労働組合はどうしたのか。許せない。

仮にも労働組合を名乗る組織が、有期雇用労働者の安定した生活を保障する権利を潰そうとした協定について、何の反省もしていないというのか。

慌てた会社が、組合抜きに規定の変更を行ったのだろうか。

無視されたのか、ひょっとしたら反対したのかもしれない。

いずれにしても、これでは労働組合の名のもとに正社員という自分たちの既得権を守る利権集団ではないか。孝広は怒りが込み上げてくるのを抑えることができなかった。

日本の民間の労働組合は、日本独特のユニオンショップ制度のもと、正社員イコール組合員といった企業内組合、いわゆるカンパニーユニオンが中心だ。

確かに、このユニオンショップ制度で加入した組合員の多くは労働運動を理解しているわけではなく、社員になったと同時に無意識のうちに労働組合に加入させられている。

しかしだからといって非正規社員の権利を奪うことが許されるはずはない。

「なあ神村君、これが労働組合か」

孝広が悲しそうな顔を神村に向けた。

しばらく考えていた神村は、目をつむったまま孝広に言った。

「これが現実じゃないですか。成果主義と自己責任論を認めた時点で、もう労働組合じゃなくなったと私は思いますよ。だって成果主義に団結は不要ですし、自己責任は長時間労働やパワハラをかき消します」

孝広は声が出なかった。

資本が狙ってきた労働組合運動破壊の方策に、多くの労働組合が飲み込まれてしまっている。それも、ユニオンショップという労働組合の制度によって。

孝広は歯ぎしりするように神村に言った。

「俺たちの地域労組運動でこれに対抗できるのかな」

わかっていたつもりだったが、現実を突きつけられて動揺していた。

神村は、しばらく沈黙してから言った。

「だから私たちは、既存の組織に縛られない運動を頑張っているんじゃないですか」

そう言われて孝広も、天井を見上げてしばらく沈黙してから言った。

「そうだな……ここから始まるんだよな」

先週は、例の東京で闘っている原告が、川崎まで裁判の支援傍聴に来た。

来週にはこちらが東京地裁に行って大阪からの情報を提供し、連帯の挨拶をすることになっている。

東京の原告を包み込んで闘っている労働組合は、全労協が中心の組織だ。もちろん全労連の方も我々の闘いに対して全国のローカルセンターへ署名の支援要請を出してくれている。

今日は大阪府と青森県から署名用紙が送られてきた。

組織の違いはあっても、要求で団結していく。その展望が開かれようとしている。

闘う中で組織対組織の壁が薄れ、大きな敵を前に力を合わせようと二つの集団が共に引き合う。そうした中で、他組織に対する自分自身の見方、考え方が、確かに変わってきているのを実感する。

この闘いで勝利するために、そしてこの闘いを通じて、組織を越えた団結を作り出していく。だからこそ、今歯を食いしばる価値がある。

孝広は、自分に言い聞かせるように、握ったこぶしに力を入れた。

蝉の声が街路樹から聞こえる。どこにいるのかと見上げるが、その姿を見つけることはできない。

＊

今日は合同労組の上部団体である神奈川労連の大会が、ここ川崎で開催される。

孝広は会場となる労働会館へ向かうバスの中で、先日の山河通運との団体交渉や、その後の弁護団との打ち合わせ、そして執行委員会での論議と決定を思い返していた。

この一年を振り返っても様々な事件が起き、裁判や労働委員会での闘争を含めて解決の道を模索してきたし、解決もしてきた。

「おはよう。久しぶりだね」

「元気か」

大会会場の受付に並んでいる間にも、それぞれが挨拶を交わす。全県の仲間が一堂に会するのは、旗開きと、この大会ぐらいだ。

産別組織の幹部たちとは、こんな時にしか親睦を深めたり、互いの無事を確認したりすることができない。それでも皆が各地で頑張っていることは、それぞれの組合機関紙からも聞こえてくる。

席に着いた孝広は、十数年前、いや二十年以上前になるかもしれない、この大会の壇上から初めて訴えを行った時のことを思い出していた。

「大会代議員の皆さん。私たちの闘いを何としても勝たせてください。

原告が開発、特許まで取得した製品の開発者名が他の人になっていたり、自分の子どもと同年齢の、それも自分が教育してきた労働者が上司になったりといった、極めて異常な差別を何としてもなくさなければ、職場の民主化とまともな労働運動はできないと考えています。

おかげさまで、労働委員会でも東京地裁でも不当労働行為の認定を勝ち取ってきました。

あと一歩です。

この少数組合への差別的攻撃を跳ね返し、職場に闘う労働運動を築いていくために、さらなるご支援を心からお願いし、私からの訴えとさせていただきます。ありがとうございました」

孝広の訴えに応えた会場からの満場の拍手は、しばらく続いた。

あの年の暮れ、会社側は謝罪の上、格差是正を約束し、争議は全面解決した。

その後孝広は、社員としての労働者だけでなく下請けや派遣労働者なども含めた運動を進めようと、地域の他の少数派組合も含めた合同労組を仲間と共に立ち上げたのだった。

以後は地域労連の役員にもなり、大会へは毎年のように参加してきた。

未組織労働者の組織化が叫ばれる今こそ、地域からの組織化の中心的役割を担う合同労組に力を集中すべきだというのが孝広の考えだった。

＊

大会は、議長の挨拶と来賓の挨拶、そして方針案の提案が終わり、いよいよ代議員による討論の時間になったところだった。

発言通告を出していた孝広は、自分の名前が呼ばれるのを今や遅しと待っていた。

「川崎労連の古田さん」

「はい」

孝広は挙手をすると演壇への階段を駆け上がり、一礼して話し始めた。

「私は川崎合同労組で書記長を担当している古田です。労働相談を通して、未組織労働者の組織化を進めています。

これまで、職場における過酷な労働実態やいじめを調査・告発し、団体交渉や労働委員会闘争を行い、時には司法の力も借りながら、過労死やメンタル疾患の労働者を労災認定させ、三桁の未組織労働者を組織化してきました。

電通における『過労自死』、川崎におけるグリーンディスプレイの『青年労働者の過労事故死』など、昨今の労災事件は社会的にも大きな問題となっています。

この二つの事例は、いずれも従来の労災認定の条件を大きく変えさせるものであり、司法の力を借りなければ労災とはならなかった事案です。

私たちの労働組合にも日々様々な相談が寄せられ、多くの過酷な労働条件を見てきました。たとえばトリプルワークで過労死したら、どの職場を相手取って闘えばいいのでしょうか。

か。

職場を転々と移動してきた派遣労働者は、どこの現場で被災したと主張すればいいのでしょうか。

先日施行された『高度プロフェッショナル制度』なるものは、こうした現実を無視しており、さらなる労働環境の悪化を招くもので、これは国による殺人行為の容認ともいえます。

今求められているのは、一日八時間働いても生きていけないような低賃金をなくすこと、労働契約法の五年ルールを確実に適用させ、安定した職場を確保させること、母子家庭などの家庭環境に左右されない子育てを支える社会保障を充実させることです。

そして私たち組織労働者に求められているのは、多くの無権利な未組織労働者が直面している困難に寄り添い、それを共に解決する立場から、その組織化をすることではないでしょうか。

私たち川崎合同労組は、労働組合組織の一部に聞かれる「費用対効果」などといった逃げ口上に頼らず、極めて非効率的な闘いを進めています。

代議員の皆さん。

今、日本の労働組合の組織率は十六％から十七％と言われています。五十人乗りのバスに例えると、八人程度が労働組合に所属し、他は全て未組織労働者ということになります。

皆さんの周りは組織化に向けた対象者だらけで、本来ならこの神奈川労連組織拡大計画は極めて簡単に達成できるはずです。

しかし現実は違います。一部の地域労組が奮闘しているものの、現状、神奈川全県で五百名程度しか組織化できていません。

これは、多くの労働組合が、未組織労働者の組織化にまじめに取り組んでいないからではないでしょうか。

民間労組の組合員の多くは成果主義に侵されており、僅かな賃上げより、昇格による賃上げを目指しています。もちろん公務員は直接的に関係しませんし、建設関係の職人的労働者も同様です。まして組織率は十六％から十七％です。では、駅頭や商店街での賃上げ宣伝は一体誰に向かって行っているというのでしょうか。まして、春闘・賃上げを声高に叫んだとしても、誰が共鳴してくれるのでしょうか。

未組織労働者は、そうして大半の組織労働者から無視されていると感じることで、組合など自分とは関係ないと思うのではないでしょうか。

職種が違うから、ユニオンショップ制度だから、公務員だから、等々未組織労働者の組織化に取り組まない理由はそれぞれあります。

しかし、言うまでもなく、労働組合は要求が命です。

では果たして今、未組織労働者を引き付ける要求を掲げられているでしょうか。

私たちの組合には『連合』の組合員が十名近く加入しています。その人たちが『連合』の組合を抜けるか抜けないかは本人の自由としています。

ユニオンショップ労組の塊である『連合』そのものを、私個人としては労働組合とは思っていません。労働組合に必要な、労働者間の思いやりと職場秩序を破壊する自己責任論と、春闘をも否定する成果主義を認めているからです。

私たちは今、地域から組織化しようと、ＪＭＩＴＵ川崎支部、電気・情報ユニオンとの定期的懇談を行い、若手弁護士によるワーカーズネットとも連携して運動を続けています。

川崎合同労組は、この七年間で約一・五倍に組織人員を増やしました。

しかし一方で、限界を感じています。

地域的な未組織労働者の組織化を支援する体制がないからです。

今日出席されている代議員の皆さんの組織で、未組織労働者の組織化がうまくいっていないのなら、私たち合同労組にその力を貸してほしいのです。

隣の人に声を掛けられないなら、せめて、頑張っている合同労組に人的もしくは金銭的な支援をしてほしいのです。

私は川崎労連の事務局長を五年間務めましたが、当時の労力や心労と比較しても、合同労組の書記長という現在の任務は、二倍以上の負担がかかっていると感じています」

大会会場には少し不満げな空気が漂っているが、孝広は構わず続けた。

「ありとあらゆる問題に、しかも即座に対応しなければならないからです。とても老人の体力でできる活動ではありません。

先日の相談者は癌患者で、職場復帰したら賃金を年間百五十万円も引き下げられたという方でした。

それでも私たち合同労組は、今年だけでも二件のメンタルの労災の認定を勝ち取ってきています。

現在は二件の裁判を闘っています。一つは先ほど川崎労連の代議員が発言していた件です。今後更に二件が裁判もしくは労働審判になるかもしれません。

これらは全て、極めて理不尽な解雇や降格・賃下げ・パワハラ、嫌がらせです。いずれも一刻を争うもので、予約なし、スケジュール無視の即応体制の運動が求められ、若干の法的知識と文章能力、交渉能力も必要とされています。

職場も職種も居住地域も異なる一人一人の組合員を繋ぐのは、月一回発行の機関紙です。七年間一度も欠かすことなく郵送し、絆を強めようと力と知恵を絞ってきました。しかしそれも限界に来ています。

時間と体力には限りがあるからです。

組織労働者しか、未組織労働者を組織化することはできないのです。全県に組織化の網を作らなければなりません。そのためにも皆さんの力を、人を、そして金銭的支援をお願いしたいのです。

市民と野党の共闘が叫ばれる今日、大きく時代を動かし、政治をも動かす労働運動を、共にここ神奈川から作り出していこうではありませんか。

発言を終わります」

孝広は静かに階段を降りて自分の席に戻った。

二十年前の満場の拍手から一転、今日の拍手はまばらだ。

やはり、産別の幹部を中心とする代議員に理解を得るのは難しいのだろうか。席に戻った孝広の背中を、隣の席の委員長が叩いた。

第4章　支援共闘会議

支援共闘会議

孝広と山河通運争議原告の柿崎は、残暑の残る九月、桜木町の紅葉坂を横にそれ、横浜市従会館への坂道を上っていた。

孝広は、ザックの重さを感じる自分が情けなくなってしまった。十年前の自分の争議の時は、もっと軽やかにこの坂を上ったものだ。

「あの建物が会館だ」

タオルで汗を拭きながら孝広が言った。

「僕も争議をしていた時はよくオルグに通ったよ。もちろん若かったけどね」

苦笑いしている自分がおかしかった。

柿崎も額の汗を拭いて、ネクタイを緩めている。

「だから背広はよせと言ったじゃないか」

孝広はそう言って笑いながら、自分もタオルを首に掛けた。

やっとのことで会館の玄関に辿り着き、クーラーの効いた室内の涼しい空気に救われる思いでザックを下ろして、案内板を見つめた。

「さて、何階から攻めるかな」

孝広が自分に問い掛けるように言った。

柿崎は背広を脱いでいる。

「二階から行くか」

二人はエレベータに乗って、この会館の主である横浜市従業員組合の事務所へ向かった。

孝広は受付に立ち、名刺を差し出した。

「すいません。川崎合同労組の古田ですが。山河通運争議の件で御願いに来ました」

受付近くにいた女性が、奥で打ち合わせをしていた組合の役員と思われる男に古田の名刺を渡している。

薄いブルーの作業服に身を包んだ男がこちらを見て手を挙げ、歩いて来た。

男は確か書記長だ。県労連などの会議で顔だけは覚えている。

「どうもお忙しいところをありがとうございます」

「いやいや、古田さん、今日はどうしたのですか」

男は二人を部屋に招き入れると、近くの椅子を勧めた。

孝広は手短に雇止めの状況と裁判の進行状況の説明をして言った。

「なんせ判例がないので、裁判官もビビっていますから。でかい組織を作って署名もドンと積んで逃げられない状況を作ろうと思いまして」

「ご苦労様です。うちの職場にも非常勤がいますから、他人事じゃありませんよ。民間でどんどん判例を作ってもらわないと」

男はそう言って笑った。

「こちらが、原告の柿崎さんです」

孝広は、柿崎の背中に手をやりながら紹介した。

「柿崎です。よろしくお願いいたします」

柿崎は少し緊張気味に立ち上がって頭を下げた。

「ご苦労様です」

男は名刺を出して、柿崎に渡した。

孝広はその名刺を横目で見て、彼が書記長であることを確認してから言った。

「そこでですが、来月に支援共闘会議を結成したいと考えていまして。是非横浜の方からも参加していただけないかとお願いに来ました」

孝広はザックから要請書を取り出し、相手先名を確認して渡した。

労働争議を勝利するためには、三つの側面で優位に立たなければ勝利できないと言われている。

一つ目は、職場の中で闘う仲間をどれだけ増やし職場を変えることができているか。二つ目は、法廷でいかに有利な闘いを進めることができているか。そして三つ目が、相手を社会的に包囲すること。つまり自分たちの闘いに共鳴して応援してくれる人々をより多くして、相手を少数派に追い詰めることができているかだ。

この三つ目を達成するには自分たちで奮闘するだけでなく、多くの労働組合や民主団体の支援を求め、闘いを社会的に認知させる必要がある。そしてそのために、支援共闘会議などの大きな組織を作ることが求められる。

「まあ、どれだけ力になれるかわかりませんが」

書記長はそう言って要請書に目を落とした。

「え、古田さん、代表委員は無理でしょ。支援はしますけれど……」

躊躇している書記長に向かって孝広が言う。

「ご存知のように、川崎には大きな公務員の組織がないんですよ。是非公務員組織の代表として名を連ねていただきたいと思って来ました」

頭を下げる孝広に、書記長は困惑の色を見せている。

「わからないでもありませんが、一応、組織的な決定も必要ですから……。預かりということにしてください」

「よろしくお願いします」

「わかりました」

孝広と柿崎は立ち上がり、そろって頭を下げた。

二人はその後も建物内の団体に一通り挨拶と要請を行い、横浜市従会館を後にした。

外はまだ暑い盛りだ。

孝広が言った。

「この下の神奈川労連の入っている平労会館にも行こう。あそこもたくさんの組織が入っているから」

結局この日、二人は横浜の主だった労働組合組織を回ることができた。

久々のオルグに孝広の足は棒のようになっていたが、不思議なことに、十数年前を思い出してか、頭だけは勝手に昔に戻ったかのようで、元気が湧いてくるのだった。

特に最後に訪ねた石川町の建交労の県本部では、組織化のために共に頑張ろうと、共闘を誓う固い握手だけでなく、カンパまでもらった。

孝広も感動し、これがオルグだと実感した。

孝広は昔の自分に戻ったような錯覚に陥って、思わず柿崎に言った。

「よし、来週は川崎を回ろう」

そして柿崎の背中を軽く叩いた。

「それじゃ、今日はお疲れさまでした」

「あ、今日は、本当にありがとうございました」

驚いている柿崎に向かって孝広は笑顔で手を挙げた。

柿崎は深々と頭を下げて感謝の意を示す。

これでいい。孝広は軽くなったザックを背に、組合事務所近くの自転車置き場へと向かった。

＊

「それでは、証人尋問を一月の二十日とします」

裁判長は書類の束を小脇に抱えると、一礼して法廷から出て行った。

いよいよ、裁判のハイライトともいえる証人尋問の日取りが決まったのだ。

孝広は法廷を出ると走って中庭に出て、支援傍聴に来てくれた人たちを待った。

まもなくぞろぞろと裁判所の中庭に集まってきた支援者を前に、孝広は少し興奮した面持ちで岩崎弁護士に話を促した。

「先生、今日の内容も含めてお願いします」

岩崎弁護士は、いつも通り落ち着いて話し始めた。

「今日は皆さんもお聞きになったように、証人尋問の日程が決まりました。証人としては、こちらは柿崎さん本人と、意見書を書いていただいた法学博士の剛田先生を申請しました。会社側の証人は総務部長と当時の所長です。これから準備して漏れのないようにしていきたいと思っています」

「何か質問がありますか」

孝広が、支援者を見渡していった。

「すいません。これからの流れはどうなるのでしょうか」

「そうですね、わからない部分もありますが、東京地裁では尋問の後に、裁判所としての勧告を出すと言っているようです」

「どんな勧告が出されるのですか」

「それは全くわかりません」

「他にありませんか」

孝広は、皆を見渡してから言った。

「委員長、一言お願いします」

委員長は、禿げた頭をなでながら話し始めた。

「この裁判も山場に差し掛かってきました。来月の十一月十五日には、支援共闘会議を結成し、労働者としての決意を市民にも裁判所にも示していきたいと考えています。是非ご協力をお願いいたします」

孝広は、委員長の言葉を引き取るようにして言った。

「支援共闘の結成大会は、当初の目標である五千筆を突破する署名を持って迎えたいと考えています。是非ご協力ください。結成大会を成功させ、次回の証人尋問は法廷あふれる支援傍聴で圧倒しようではありませんか」

「よし」

相槌を打つような声と拍手が中庭に響いた。

孝広は皆の顔を見回すと、原告の柿崎にどうぞという仕草を送った。

「今日はありがとうございました。いよいよ決戦の時が来たという感じです。私も当初これほどのことになるとは思ってもいませんでした。でもこうなった以上、歴史を前に進める側に立ちたいと思っています。是非皆さんのお力を貸していただき、勝利判決を勝ち取る決意ですのでよろしくお願いいたします」

裁判所の中庭とは思えないほどの声援と拍手が柿崎を包んだ。

守衛も何事かとこちらを見ている。

孝広はこれでよしと、こぶしを握りしめた。

初冬に近いはずなのに、暖かい日差しが原告と支援者らを励ますように包んでいた。

結成集会

山河通運不当解雇撤回支援共闘会議の結成集会は、裁判所から道路を隔てた川崎市教育文化会館で開催されることとなった。

孝広は連日、メールや電話作戦での参加要請を、労働組合や他の争議団だけでなく、市内の民主団体にも行っていた。

会場には、六時過ぎから次々と支援者が受付の前に列を作っていた。来てくれた一人一人に孝広と柿崎が挨拶をする。

受付を担当してくれている清水も愛想を振りまいている。彼女の頭では、参加者の数と集会の最後に訴えるカンパの額がダブっているのかもしれない。今日の彼女は、女性部長というより財政担当の顔をしていた。

結成大会は、合同労組副委員長と国民救援会川崎支部事務局長の司会で始まった。

会場は既に、席がほぼ埋まる状態になっている。

そんな会場を見渡して、よしこれで成功だと、孝広は一人頷いた。

今日までの経過報告や弁護士による裁判の現状報告とこの争議の意義の説明、支援共闘会議の規約と役員決めなどの後、代表委員による挨拶が始まった。

「……ですから、この闘いを通じて数十万人いるといわれる非正規労働者に安定した職場を確保すると同時に、未組織労働者の組織化を進めていくことを課題と位置付けています。そしてそれは決して他人事ではなく、私たちの職場にも当てはまるものです。したがって、この闘いを自らの闘いとして奮闘することを誓って、私の挨拶とさせていただきます」

会場は割れんばかりの拍手に包まれた。

壇上には自治労連、県地域労組協議会、神奈川労連、地元川崎労連の代表と国民救援会の代表が並んでいる。

孝広は、そうした代表委員の面々を見上げ、この争議の勝利を確信するのだった。

「それでは最後に原告から決意表明をお願いします」

皆の目が舞台に集中した。

柿崎には、おそらく生まれて初めての経験だろう。緊張しているのが見て取れる。

それもそうだろう。こんなに多くの人の前で、しかも自分を中心に自分の闘いを支えようとしている人たちの前での発言だ。

会場は静まり返っている。

しばらくの静寂を破って柿崎が話し始めた。

「今日はありがとうございます。私は、これまでこんな場所で話したことがありませんが、職場の人たちが黙って去っていくのを見て、このままでいいのかと思い、できることをしてみようと相談を持ち掛けました。本当に多くの人が、悔しい思いで職場を去っていくのを見てきました。自分にも何かできるのではないかとの思いでした。

そして多くの人に助けられ、激励され、この場に立っています。皆さんと一緒に最後まで闘うことを誓って私の決意表明とします。

本日は本当にありがとうございました」

柿崎は深々と頭を下げたまま、その場を動こうとしなかった。

会場は拍手と激励、そして感動の声に包まれた。

興奮が収まってきたところで、こうした結成大会をしめくくるお決まりとして、「団結がんばろう」の三唱を会場狭しと叫んだ。そして司会者がカンパのお願いと交流会への参加案内を繰り返して、集会は終わった。

＊

交流会の場所は、合同労組がいつも使っている中華料理店の「天龍」だ。

六階建てのビルである「天龍」本館に入ると、中華料理店特有の油の臭いが漂ってくる。

この店は、うまいだけでなく、量も他店とは一盛り違う。

これがいいのだ。孝広は、これが川崎の労働者の店なのだと思っている。

結成集会の資料袋には、川崎市教育文化会館からそう遠くない「天龍」本館への地図も入れておいたが、孝広は早めに行って参加者を迎える形で待っていた。

外で参加者を待つ孝広の肩を誰かが叩いた。

「えっ」

振り向いた孝広に、「天龍」のママが笑顔で問い掛けてきた。

「今日の集会は成功だったの？」

「ええ、まあ、おかげさまで」

孝広も笑顔で応え、集まってきた参加者に手を挙げて案内した。

「ご苦労様です。交流会はここです」

「天龍」の二階の席があふれるほどに満杯になった。

第二会場を設けようかというほどの盛況だ。

もういいだろうと思って立ち上がった孝広が口火を切った。

「本日はありがとうございました。それでは交流会を始めさせていただきます」

「よし」の声が飛ぶ。

「それでは乾杯の音頭を、おそらく最年長であろう国民救援会川崎支部長の大竹さんからお願いいたします」

「おい、俺かよ」

少し不満げに立ち上がった大竹にブーイングが飛ぶ。

「何でもいいから早く乾杯しろよ」

その声に押されるように、大竹はグラスを持って立ち上がった。

「それでは僭越ながら、乾杯の音頭を取らせていただきます。山河通運の脱法行為を糾弾し、勝利判決をとるために乾杯」

カンパーイという声とグラスのぶつかり合う音とが響いて会場を盛り上げた。

交流会には柿崎の家族も参加している。

孝広は思った。これぞコミュニティユニオンの集会だ。

家族ぐるみでの地域の運動を、労働運動と結び付けていく。また新しい闘いが始まったのだ。

しかし孝広は、連日の集会準備と今日一日裏方に徹したことで、身も心もくたびれ果ててしまっていた。交流会の司会を隣の席にいる副委員長に頼み、清水に後を頼むと耳打ちして店を出ることにした。

階段を降りて店を出ようとした時、後ろから声を掛けられた。

「何よ、先に帰るの？」

振り返ると、そこにはまたも「天龍」のママが、腰に両手を当てて立っていた。

呼び止められた孝広は答えに窮した。

しかし体は既に限界に近い。

今日この日を前にオルグを重ね、結成集会の資料作りも行い、声を掛けられる人たちには夜遅くまで直接電話やメールでのお願いを行ってきた。

昔の争議なら、それは原告の仕事といえた。しかし、今日の争議はそれでは成り立たない。活動家でもない人が、困り果てた末に裁判を決意したのだ。組合には原告と一体になって運動することが求められる。孝広の疲れは頂点に達していた。

「ママ、俺も年を取ったよ。もう限界なんだ」

「何言ってるのよ。私だって限界なのよ」

そう言われて、ハッとした。

そうだ、確かママと自分は同い年だった。

毎日の厨房での激務は、孝広にとってのオルグと変わらないだろう。

「ごめん」

「まあ私もあんたたちの運動に付き合うのにも疲れたから、今日は許してあげる」

そう言ってママは笑顔になった。

思い返せば、この店と孝広の労働運動は切っても切れない関係だった。

孝広が初めて争議の支援で飲みに来たのも店は違うがパレールの「天龍」だったし、当時川崎労連事務局長だった飲んだくれの五郎ちゃんと喧嘩したのも「天龍」だった。

昔の思い出にふけっている孝広に、ママが言った。

「五郎ちゃんに呼び出されて、一升瓶の最後の一杯を飲んだだけなのに割り勘にされたかわいそうな古田さんを思い出したわ」

孝広は思わず笑い出してしまった。

あの日は、正月の三が日を少し過ぎた頃だった。

朝食を終えて、テレビで正月のお決まりのようなお笑い番組を見ている時、携帯電話が鳴った。

「明けましておめでとうございます。古田です」

「おい、今から天龍に来れるか」

五郎ちゃんからの電話だった。

当時、まだ争議中であった孝広は、事務局長である五郎ちゃんに逆らえるわけがなく、何故呼び出されたかも聞かないまま、店に自転車を走らせた。

店に着くと、笑いながらママが出迎えてくれた。

五郎ちゃんの前のテーブルを見て、孝広は全てを悟った。彼は金がなかったのだ。

当時の孝広は、差別争議を闘ってはいたが、社員としてボーナスも含めた一般的な給料も得ていた。要は、ワリカン要員として呼ばれたのだ。

にこにこしながらママが言った。

「この人がね、正月だからきちっとした酒を出せというから、酒屋に電話して『店にある一番うまい酒を持ってきて』と言っただけなのよ」

五郎ちゃんの横には妙齢の女性が座っていた。

「まあ、正月ですから」

それだけ言って孝広はテーブルに着いたのだった。

あの時の、目が飛び出るような高額な酒が入っていた桐の箱は、しばらく店の飾り棚に置かれていた。

この店と五郎ちゃんもまた、切っても切れない関係なのだった。

孝広は、ニッコリ笑うママの顔を見て、青山斎場での無名戦士の合同葬にもママが参列してくれたことを思い出した。

「その節は、ありがとうございました」

「何言ってるのよ、あれは五郎ちゃんと私の約束だったからよ」

それだけ言うとママは、手を挙げて早く帰れという合図を送ってくれた。

「後、よろしくお願いします」

孝広は感謝しながら頭を下げて、店の横に止めていた自転車にまたがると一足先に家路についた。

労働相談

北風から首筋を守るようにしてコートの襟を立てた孝広は、マンションのロビーに飛び込み、一刻も早く部屋へ入ろうと、勢いよくドアを開けた。

ありがたいことに、既に誰か先に来て部屋を暖めてくれている。

「おはよう」

孝広は、心を込めて元気よく挨拶を投げ掛けた。

返事がないので部屋を見渡すと、一人の青年が清水女性部長と既に話し込んでいるのがわかった。

「失礼」

孝広は二人の会話を中断させてはいけないと目礼し、自分の席に着いてパソコンのスイッチを入れた。

そしてパソコンが立ち上がってくる間に、机の上に置かれている書類に目を通す。

パソコンが立ち上がれば、メールの確認を行う。これが孝広の朝の日課となっている。

メールは多い時で一日二十通は来ている。

今日も孝広はメールを一つ一つ確認し始めたが、隣で行われている相談が嫌でも耳に入ってくる。

清水が何か困っているのがわかった。

相手の青年は、何とかならないかと清水に詰め寄っているようだ。

孝広は立ち上がって清水の隣に座り、青年に名刺を差し出して言った。

「書記長の古田です」

「あっ、よろしくです」

ラメが入って少しキラキラするブレザーを着た青年は、孝広の名刺を見るとぺこりと頭を下げて言った。

「今も話していたんですが、せっかく就職したのに経歴詐称だって解雇されたんですよ」

孝広は清水の顔を見たが、その顔には困惑の皺が見て取れた。

「何か難しいことでもあるの？」

孝広の質問に、清水はこれまでのやり取りを手短に伝えた。

青年が就職したのは組合事務所から歩いて数分のところにある「そうあい喫茶」という風俗店で、就職して三日目で解雇を言い渡されたという。

孝広はわかったというように頷くと青年に質問した。

「その店の経営者の名前は」

「店長の名前と携帯はこれです」

青年はスマホを取り出すと孝広に示した。

「店長じゃなく経営者、社長だよ」

孝広の言葉に、青年は黙り込んでしまった。

「それじゃ、本社の住所はどこかな」

再び青年は口をつぐんだ。

質問に答えられないでいる青年に、孝広が言った。

「私たちは労働組合で、警察でも労基署でもないのです。だから強制力はあません。しかし団体交渉によって対等に話し合い、問題の解決を果たすことは可能です。でも、正式な会社名はわからない、社長も、本社の住所もわからない、契約書もない。これでは交渉しようにも話にもなりません。さっきも言いましたが、調査をするだけの権限が労働組合にはないのです」

青年は何度か頷くと席を立とうとした。

孝広は青年に座れという合図をして、質問した。

「この店の前はどこに勤めていたの」

孝広の指図を無視して立ち上がった青年は答えた。

「駅向こうの店ですよ」

それだけ言って、青年は不貞腐れた態度でドアの方に歩いて行った。

孝広は出て行こうとしている青年の背に向かって言った。

「雇用契約書を書くような仕事に就きなさい。君はまだ若いんだから」

「うるせい」

ドアを勢いよく開けて、青年は出て行った。

呆然としている清水に孝広は言った。

「労働相談の特殊マニュアルをもう一度見た方がいいですよ」

孝広はこれまでも何回かこうした風俗がらみの相談を受けてきたことから、『風俗等特殊な労働相談への対応』というマニュアルを書いていた。

こんな内容だ。

「この事務所が川崎区の繁華街にある関係から、風俗や飲食関係の相談が持ち込まれてくる場合があります。

これまでの経験から、風俗関係の場合、暴力団が関係していることもあり、内容によっては警察や労基署との連携でも解決できない場合があります。

したがって労働相談を受けた場合、風俗や飲食関係と思われる場合には①雇用契約書、②経営責任者名（社長）、③本社所在地、の三点を確認できるかを聞いてください。

最低限②と③が明らかでない場合は、暴力団関係が疑われます。

こういう場合、相談対応者は『労働組合としては雇用関係が明確でない場合、引き受けることができない』旨を述べて相談を断ってください。

できればこれを機に働き方を変えるよう進言することが最善の方法と考えます」

マニュアルを示しながら孝広は言った。

「清水さん。想像ですが、彼は就職する場所を間違えたんだと思いますよ。解雇理由を経歴詐称と言っていたから、違う組織の店に入ったんじゃないのかな」

孝広はあっけにとられている清水の肩を叩いた。

いつでもまじめに労働相談として対応すると、周りの環境や社会的常識さえ見失ってしまう時がある。

普通に考えれば、若い女性を男に紹介・仲介するような職業で、まともな労働環境を追求できるわけがないのだが、「解雇や不払い」といった言葉が出てくると、その言葉に振り回されるように考えてしまう場合があるものだ。

時に善意も仇となることを肝に銘じておかなければ、相談活動を続けていくことはできない。

それは裁判闘争でも同じことで、必ず勝てるという思い込みは危険なのだ。裁判官が常に正義を見通す人とは限らないし、体制に逆らって判断をくだすことが難しい立場であることを理解しておくことも必要なのだ。

証人尋問

証人尋問が行われる一月二十日は、あっという間に来た。

支援共闘会議の呼び掛けで、多くの労働組合や国民救援会が、それぞれの組織内で最大限の参加を要請していた。

裁判所の前庭には傍聴希望者の長い列ができ、傍聴券を得ようと抽選を待っている。

「ご苦労様です。いつもありがとうございます」

「いや、大変だね、でもよく集めたじゃない」

横浜地裁川崎支部の一号法廷には、五十名分あまりしか傍聴席がない。法廷では立ち見は許されないことから、五十数名の傍聴者は抽選で選ぶことになる。

ただしマスコミが申し込めば裁判所の裁量によってその席が確保されることになるから、五十名が限界と思っても間違いではない。

「すいません。抽選に当たったら番号札を私に渡してください」

孝広は支援に駆け付けた組合員一人一人に訴えて回っていた。支援共闘会議の幹部たちの入場を確保するためだ。

もちろん、尋問に対する心得も含めた、柿崎へのアドバイスも忘れなかった。

「大丈夫。落ち着いて、変な質問が来て困った時は、もう一度お願いしますと言ってその間に回答を考えればいいから」

緊張しているのであろう柿崎は、いつもの紺の背広だが、エンジのネクタイに常に手をやって落ち着きがないように見えた。

＊

定刻の十時、裁判が始まった。

最初に、裁判所から提示された宣誓書が読み上げられる。

その後、黒い法衣をまとった裁判長から若干の注意が述べられて、証人尋問が始まる。

原告の柿崎が裁判長へ一礼して証人席に着いた。

岩崎弁護士が立ち上がって、柿崎の前に書証を置く。

「甲三十七号証を示します。これはあなたが書いたものですね」

「はい」

「あなたは、契約のたびに長期の雇用を要求していましたね」

「はい」

「最後の契約、正確には二〇一七年三月の時に何と言われましたか」

「来年も何とかするからと言われました」

「それは誰からですか」

「所長です」

静まり返った法廷に、少し低めな柿崎の声が響き渡る。

柿崎は落ち着いて尋問を受けているように見えた。

当然といえば当然だ。職場であったことをそのまま答えればよいのだから。

それに引き換え、背広姿の会社側証人は緊張しているのが見て取れる。こちらも当然で、下手な返事をしたら会社で何を言われるかわからないし、その後の昇格にも響きかねない。

柿崎への主尋問は滞りなく終わり、続いて会社側弁護士による反対尋問が始まった。

「乙十三号証を示します」

「この契約書のサインと印鑑は、あなたがサインしたものですね」

「はい」

「ここに五年を超えて契約しないと書いてありますね」

「はい、でも所長は……」

「いや結構です。はいかいいえで答えてください」

会社側弁護士が柿崎の言葉を遮る。

＊

この日の尋問は、会社側証人である所長への尋問を含めて全て終わった。

裁判長は、右陪席と左陪席と相談するそぶりを見せた後、双方の代理人に向かって言った。

「和解の提案をしたいと思いますので、次回の期日を決めたいと思います」

孝広は驚いて裁判長を見つめた。

和解については、既に証人尋問の前に提案され、職場復帰を前提とした原告側の要求をもって事実上決裂しているはずだ。

裁判長は日程を次々と提案し、次回の裁判日を四月十日とした。

法廷から出ると、孝広は岩崎弁護士に尋ねた。

「和解って、どういう意味ですか」

「わからん」

岩崎弁護士が腕組みしたまま空を見上げている。

「こちらの意思は伝えてあるのですから……裁判長に考えがあるのでしょう」

裁判後の話し合いでも、いろいろな意見が出された。

「職場復帰を前提とした話し合いになるのでは」との楽観論もあれば、「証人尋問を受けて白紙での和解提案ではないか」との意見もあった。

孝広は、いずれにしろ気を緩めず、裁判所をさらに追い詰める意味でも署名のさらなる上積みを皆に提案した。

事務所へ帰る道すがら、思わずコートの襟を立てた。葉が落ちた裸の銀杏の樹が、寒さを伝えていた。

民主団体

寒さも少し和らいできた朝、いつもより早く事務所に着いた孝広は、一人ぽつんとベランダで六月末の組合大会の議案書について思案しながら煙草をくゆらせていた。

ベランダから眺める木々は、木枯らしに耐えていた枝先にかわいい芽が顔を覗かせ、もういいかなとでも言うように街路樹を色付かせている。事務所からも、その色と風の柔らかさを感じ取れる。

「おい、いるのか」

ノックもせずに入って来た男は、建設労連の大森だった。青年を一人連れている。

「こんな朝早くから何事だよ」

孝広は、二人に椅子を勧めながら尋ねた。

正義感の強い大森は、時として周囲の仲間と摩擦を起こすことも少なくなかった。

「いや彼は、今年神民連の病院に入職したんだが、いまだに正職員になれずにいるそうで、退職勧奨まで受けているんだ」

「え、本当に？」

神民連の病院といえば民主的医療機関に属する職場であり、社保協などは、市内の運動でも孝広たち労働組合と一緒に奮闘している仲間だ。

孝広は困ったという顔で大森を見た。

「何か大きな失敗でもしたの？」

青年は少し緊張しているのか、孝広をじっと見つめたまま首を横に振った。

「馬鹿言うな。だったら相談に来ないさ。ＡＤＨＤだってさ」

大森の返事に、孝広はしまったと思い、青年にわびた。

「申し訳ない。よく話も聞かずに……書記長の古田です」

名刺を差し出しながら孝広も席に着いた。

青年は入職直後些細な失敗をしたことから、失敗を繰り返すまいと緊張し、逆に失敗を繰り返してきた。そして上司が心療内科を受診しろというので受診したら、ＡＤＨＤだという診断結果を受けたという。

大森と青年の話から、人事担当者が民主団体の人間とは思えない知識しか持っていないこともわかってきた。

人事担当者は青年から仕事を取り上げ、自ら受診を指示した心療内科の診断結果は聞かなかったとした上で、三か月の自宅待機を命じ、その間に転職先の職場探しをしてこいと業務命令を発したのだ。

医療機関としても民主団体としても、とんでもないことだ。

しかし話を聞いた孝広には、この青年のどこがＡＤＨＤなのかわからない。失敗した時の状況や業務内容を孝広に説明する彼に、少しも違和感はない。多少理屈っぽい話し方ではあるが、新社会人であることを前提とすれば、学生気質を残した普通の青年に思える。

「おい、どうなんだ」

「どうなんだと言われても、俺は専門家でもなければ、医者でもないよ」

いずれにしても、とりわけ神民連の病院で、ＡＤＨＤだから解雇などということが許されるはずがない。

孝広は複雑な思いで青年を見つめた。

「そんなことを聞いているんじゃない、お前のところにこの手の相談が他にもあるのかということだよ。ところで今日、神村はいないのか」

「今日は県の協議会に出てもらっているからいないよ」

「先日彼に聞いたら、他にもこの手の相談があると聞いたものだから」

大森にそう言われて、孝広はハッとした。

確かに最近、この手の理由での解雇案件の相談が来ていた。確か、金融機関で働く労働者から、発達障害の診断を受けて退職に追い込まれようとしているとの相談だった。

幸いにも、良心的な主治医が、職場が一定の配慮をすれば問題ないとの診断書を書いてくれて、団体交渉で解決することができたのだった。

「確かに多くなっていると思うよ」

「おかしいだろ。それも神民連だぞ」

医療機関でこの手の解雇がまかり通ってしまったら、孝広たちの不当解雇に対する運動や、各種ハラスメントとの闘いを否定しかねないことにもなる。

孝広は大森と青年の顔を見比べながら考えていた。

「よし、君の職場の書記長に相談してみるよ。君も組合員だよね」

「ええ」

孝広はその場で受話器を取ると、登録されている短縮ダイヤルのボタンを押した。

「もしもし、川崎合同労組の古田です。ちょっと相談したいのですが」

孝広にとっても労働相談を受けることがあっても、他の組織に依頼することはあまりない。

「……ええ、ですから発達障害だからといって退職勧奨するのは問題ですし、医療機関としても……そうなんです。それで一応そちらに行って……ええ、よろしくお願いします」

孝広は、受話器を置くと大森と青年に向かって言った。

「医労連とも相談して交渉してくれるそうです」

「よし、やっぱり来てよかったろ」

大森はげんこつで青年の背中を叩いた。

「あ、はい、ありがとうございます」

青年は大森と孝広交互に、感謝の言葉とお辞儀を繰り返した。

「それじゃ、帰るか」

それだけ言って、大森は青年と共に事務所を出て行ってしまった。

静かになった部屋の中で、孝広は、医学の進歩が職場での新たな選別と差別的状況を作り出しているのではないかと考え込んでしまった。

孝広が就職した当時は、高度成長期ということもあったが、どの職場にも一人ぐらい変わり者がいたものだった。

労働者としては一人前とはいえない、会話も自分からはしないような人であったり、性格は悪くないのに、早合点でいつも失敗するような人だ。

しかし当時は、職制がその人の性格の特徴を掴んで適切な場所や業務を提供し、周囲の皆もそんな労働者の存在を認めて働いていた。

例えば分析や計算が不得意な労働者には、サンプリングの仕事を専門的に与えていた。

サンプリングの仕事は、暑い夏も寒い雨の日も屋外に出て行わなければならないから嫌われていたが、その男は嫌な顔一つ見せず、毎日サンプリング作業を行っていたのを覚えている。

もちろんそれをその男が喜んでしていたかは不明だが、とにかく仲間の一人として扱っていたことは確かだ。

システム的進歩が職域を狭めているのも事実だが、一方で医学的進歩によって障害が明らかになった者を退職勧奨者のリストに載せて対応していることにも、孝広は憤りを覚えずにはいられなかった。

医学の進歩は障害を軽減したり、病気を治したりするためのものであり、差別や貧困を助長するものであってはならないはずだ。

全ての労働者がスーパーマンにはなれないのだから。

孝広は青年の将来と今日の職場の実態が不安に思えてくるのだった。

＊

大森と青年の相談から一週間が過ぎたであろう、火曜日の朝だった。

組合大会の議案書を打ち込んでいた時に、突然青年からの電話が孝広の携帯に入った。

「はい、古田ですが……え、そんな馬鹿な」

孝広は絶句してしまった。

職場の書記長が病院側と交渉を持った結果、青年を円満退職させるとして、退職の前提条件を知らせてきたというのだ。

「……わかりました。直接書記長と話してみます」

孝広はそれだけ言うと青年との通話を切り、今度は職場の組合事務所へ電話を入れた。

「もしもし、書記長いますか」

相手が出るのを待っている間も、怒りが増してくるのを抑えられなかった。

復職させるための交渉を依頼したのに、これはどういうことだ。

しばらくして電話口に出てきた書記長は、少し困ったというように小さい声で応じた。

「すいません古田さんですか、私も今電話しようと思っていたんですよ」

「いったいどうなっているの、復職の交渉をしてくれとは頼んだけれど、退職条件を決めてくれとは言ってないよ」

「いやそれは、ちょっと事情があって……病院の事務方としての条件を……」

「事情も糞もあるか！」

孝広は怒り心頭し、相手が長々と事情を話し始めようとするのを許さず、受話器を叩きつけた。

＊

あまりのことに、孝広は大会議案書も手に付かないで悶々としていた。

「失礼します」

誰かが部屋に入って来た。

入口の方を見ると、あの青年が立っている。

「すまなかった。僕の判断ミスだよ」

孝広は素直に謝罪した。

「いえ、もういいんです。それより、何で入社したての私にあんな大金を出そうとするんでしょうか。私はそんなに辞めてもらいたい対象なのでしょうか」

青年が、退職強要をされた時よりもさらに落ち込んでいるのがわかった。

病院の人事担当者は、組織としては解雇ができないことから休職命令を出し、さらに解決金を上乗せすることで、「解雇ではない」とのメンツを保とうとしており、これでどうだと言わんばかりの金額を書記長に示したのだ。

しかし、大事なのは当事者の気持ちだ。

金銭解決は一般的によくあることだ。だから組合幹部が金銭的な判断をするのもわかるが、こうした対応がむしろ青年を傷付けているのがわからないのだろうか。

これが人を大事にする民主団体がやることとか。孝広は怒りというより呆れてものが言えなかった。

春闘では、経営の厳しさを理由にゼロに近い回答をしているのに、自分たちのメンツを守るためには金に糸目を付けないというのだろうか。それに乗せられてしまう労組幹部も、どこか狂っている。

先日は、土建の書記からもパワハラの相談があった。

民主団体だからといって不当な差別や違法行為を見過ごせば、ソ連や北朝鮮になってしまう。

「わかった、うちの組合に入ってくれないか。このままにはできないよ」

孝広は神民連の法人に団体交渉を申し入れることにし、最悪裁判も辞さないとの決意をした。

孝広は、相手が民主団体だから話し合いで解決できるといった自分の考えの甘さを痛感すると同時に、こうして案件が一つ増えるのは、自分の判断ミスに課するペナルティーに近いのだと覚悟せざるを得なかった。

しかし怒りが収まってくると、目の前の作業が孝広を追い詰めてくる。六月末の対市交渉と組合大会に向けた議案書の作成と、その前にはメーデーの準備も行わなければならない。

頼りの神村は体調を崩して午後からの出勤との連絡が入っている。

孝広は弁当をかき込むように食べると、メーデーのプラカードや会場設営に向けた準備のリスト作りに没頭した。

「遅くなってすいません」

神村が少し青い顔で部屋に入って来た。

「おお、無理をするなよ。大丈夫か」

孝広は、風邪ぐらい何だという気持ちの半面、これでメーデーの準備は何とかなると安堵した。

「ところで今日も大変だったよ」

孝広は青年の相談結果と医労連の対応を手短に説明した。

しばらく考えていた神村は、こくりと頷くと言った。

「古田さん、手抜きはだめですよ。問題を隠ぺいしたり忖度したりすることが社会進歩を遅らせているのは、今の政治で証明されているじゃないですか」

神村は笑っているが、それは孝広へのあからさまな批判に聞こえた。

確かにそうかもしれなかった。

山河通運の和解交渉の方は、暗礁に乗り上げた感があった。会社は金銭解決を譲ろうとしておらず、原告の職場復帰とぶつかったまま進展が見られない。

再度の「和解」期日は入ったものの、裁判長は「判決」期日を入れようとしない。

孝広が青年の問題を医労連に依頼したのも、案件を少しでも減らそうと考えるあまりの安易な選択だったことは確かだった。

沈んだ気持ちを吹っ切るようにして、孝広は神村に言った。

「とにかくメーデーの準備が心配なんだ。アンプとスピーカーは大丈夫だが、車とプロパンの予約は取れているかな」

「昨日予約しましたから、前日に取りに行くことになっています」

メーデーには椅子や机、テントを用意し、争議団や女性部が中心の出店にも孝広たち合同労組が協力することになっている。

「じゃ、後は任せたから」

孝広はそちらの準備は神村に任せて、メーデーの対市交要求案作成に取り掛かった。

＊

メーデーの朝は、雲一つない快晴に恵まれた。

これが五月晴れだ。

会場には、川建労や自治労連、市民団体としての新婦人や公害患者と家族の会等、既にいくつかの旗が立てられ、労働者が集まり始めている。

孝広は本部テントで来賓の案内を担当することになっている。

神村は、既に会場内で山河通運の署名に取り組んでいるようだ。

「山河通運の署名にご協力ください」

「ご苦労様、でもさっき救援会の人に言われたので書きましたよ」

「えっ」

神村が会場を見渡すと、国民救援会の人たちも数人で画板を持って回っているのが見て取れた。しまった、先を越されたと気づいた神村が、走って孝広のところに報告に来た。

「古田さん。皆にも署名取るように言ってくれませんか」

そう言って入り口近くで陣取っている国民救援会の方を指差した。

孝広は神村の指差す方を見てから、組合旗の方に目をやって神村に言った。

「旗のところに執行委員がいるから、皆でやるように指示してくれないか。俺は来賓の案内が終わったら一緒に回るから」

舞台では歌声も始まっている。

あの救援会のメンバーの中には、妻の洋子もいるに違いない。

家に帰ったら、私たちはこんなに集めたと、孝広を非難するように署名用紙を見せびらかすのだろう。

孝広は、山河通運争議が川崎で広く認知されてきているのを頼もしく思えるのだった。

第５章　地域労組の苦闘

地域労組

六月に入り、組合恒例の千葉鋸南町への筍と梅もぎバスハイクが行われた。

大型バスの中は酒も入って大盛り上がりだ。実行委員の面々が、今日ばかりは俺が主役だと張り切っている。

日頃偉そうにしている委員長や各部長たちも、今日は脇役に徹しなければならない。

組合員にはいろいろな特技を持った者がおり、筍の取り方から、近くにある夏ミカンのどの木のミカンが甘いなどと他人の果樹園の選別方法などの能書きを垂れる者までいた。

中には自分の過去の話を長々と述べる者さえ出てくる。

「私は獣医として北海道に行ったのに、何かの間違いで今日ここにいるんですよ」

「おい、本当に獣医なのか」

「もちろんですよ」

「よし、これから行く場所の近くに乳牛がいるから、その乳を絞ってみろ」

「それはだめですよ。牛や馬が嫌で獣医を辞めたんですから」

「偽獣医じゃないのか」

「ハハハハ」

今は警備員をしているが、以前は警察で通訳をしていた者、自分は中国人だが日本の調理師免許を持っていると自慢する者、今勉強していて、将来は弁護士になろうという者、家庭教師として生計を立てている者など、実に多種多彩な人たちがバスに乗っていることがわかる。

酒が入り、話が盛り上がるほど、役員の発言の場は少なくなる。

孝広が手を上げて言った。

「これから行く鋸南町は気候もよく、養蜂も行われています。さて、蜜蜂の女王は毒針を持っているでしょうか。獣医の先生は答えないでください」

「一番すごい毒針を持っている」

「ブブー間違いです」

孝広は少し自慢げに話し始めた。

「女王蜂は他の蜂と同様に針を持っています。しかし、それは種族を守るための剣であり、自らを守るものではないのです。

皆さんは分蜂という言葉を知っていますか。新たな女王蜂が生まれると、元の女王蜂は働き蜂を二分し、新たな女王蜂に巣を与え、自らは、新天地を求めて旅立つ。これが分蜂です。

この時、二分された働き蜂の数がそれぞれの種族を守るに足る場合は問題ないのですが、時として自然は、自らが作ったはずのメカニズムに狂いを生じさせてしまう。つまり、新たな女王蜂が誕生したにもかかわらず、二分された働き蜂が種族を維持できる数に達していない場合があるのです。この時、元の女王蜂は、躊躇なく自らの剣で生まれたばかりの女王蜂を刺し殺します。女王蜂は掌に乗せても人を刺すことはありません。自らの危険に剣を使うことはなく、種族を守るためだけに使うのです」

一瞬バスの中が静まり返り、そして拍手が起きた。

「獣医先生の前で失礼しました。もうすぐバスは鋸南町に着きます。これから行く畑の上には養蜂業者が箱をいくつか置いていますが、決していたずらしないでください。よその人の作物も同様です。さっきから皆さんの話を聞いていて、少し心配になったので」

そう言って孝広はマイクを司会者に返すと、席に着いた。

バスの中は降車に向けてそわそわし始めた。

司会者が軍手を配って、梅もぎグループと筍とりグループに分けている。

皆やる気満々だ。

孝広も、車外の緑と自然豊かな眺めからか、日々の法律論議や運動論から解き放たれた自由な気持ちに浸っていた。

一日楽しく過ごし、帰りには梅と筍がお土産として付いてくる。

権利と要求だけでは労働運動は成長できない。

助け合いを求めるなら、相互の信頼と理解が不可欠なのは言うまでもない。

その意味でも、合同労組は皆で楽しく過ごす時間を作ることに腐心していた。今年からは組合共済制度も創設し、組合員として在籍していることのメリットを感じられる組織にしていこうと決めている。

労働者から持ち込まれる相談内容を解決するだけでは、解決後に脱退する者も多いと分析し、組合員でいることの優位性を付け加えようと論議して方針化してきた。

孝広は、バスの喧騒の中で、皆の多彩な特技と明るさがあれば、今孝広たちが進めている運動も確かなものになると思えてくるのだった。

＊

組合事務所には重い空気が漂っている。

孝広と神村は、飛び込みで事務所に来たシングルマザーの話を聞いていた。

事務職だという。

育休を取り、保育園をやっとの思いで見つけて復職しようとしたところ、この条件をこなせないなら復職をあきらめろと言わんばかりに、上司から育休取得前よりも厳しい勤務条件を示されたという。

長時間勤務を前提に、休日出勤さえこなさなければならないというのだ。

「そんな馬鹿な。他の人はどうなんですか」

涙ぐんだ顔で、助けを求めるように彼女が答える。

「他の人と比べても厳しいと思います」

孝広は不審に思った。

「以前より会社は忙しくなったのですか」

「そんなに違わないし、私がいなくても仕事は回ると思います。私の代わりのアルバイトの子もいますし、その子にはいずれ社員にすると約束しているようですから」

「ちょっと待ってください。あなたの代わりのアルバイトの子がいるのですか」

「ええ。ですから私をいじめて辞めさせようとしているのだと思います」

とんでもない上司だ。アルバイトの子が気に入ったので、この目の前の彼女を退職に追い込もうとしているに違いない。

孝広は、上司の醜い方針が許せなかった。

「同僚の人たちは何と言っているのですか」

「陰ではいろいろ言いますが、職場の会議では誰も助けてくれません」

上司の権限が絶対的な職場なのだろう。

それだけではない。彼女の話では、彼女がシングルマザーであることを理由に、彼女の育休中、上司が根も葉もない卑猥なうわさ話を同僚に吹き込んでいたらしく、復職した彼女を奇異な目で見る同僚もいるという。

横で聞いていた神村が、腕組みしたまま言った。

「何でそんなことがまかり通るのかな」

「これまでも嫌がらせで辞めさせられていく人を何人も見てきましたから、上司に逆らったら次は自分がやられると思っているのだと思います」

自分から退職を言い出さない彼女に対し、上司は彼女を会議室へ呼び出し、勤務をまともにこなせないなら退職すべきだと、公然たる退職勧奨を行ってきたという。

また日常的にも書類上の些細な間違いを、皆の前で机を叩いて叱責するというのだ。

出産間もない体に過酷な環境は、彼女の精神を蝕む原因となった。

彼女は仕事に行けないだけでなく、朝起きることさえ難しくなり、心療内科を受診したという。

「ところでこれからどうしますか」

孝広が彼女の顔を覗き込むようにして聞いた。

「私、どうしたらいいのかわからなくて相談に来ました」

彼女の目からは止めどなく涙が零れ落ちている。

神村が、組んでいた腕をほどいて言った。

「これはパワハラですよ。労災申請しましょう」

「でもそんなことしたら私、職場に行けなくなってしまいます」

孝広は、彼女の目を見て言った。

「診断書を提出して、会社を休んでください」

孝広の言葉に、彼女は困惑した様子だ。

「でも生活が……」

神村が、労災申請書の七号用紙と組合加入申込書を彼女の前に置いて言った。

「これからやることがいくつかあります。その一つ目は、労災申請ですが、私たちは七号用紙で労災申請を勧めています。七号用紙は、診察費用を一回だけ健康保険を使わずに実費で支払い、その実費を労災保険へ請求する方法で、生活に必要な傷病手当を止められることはありません」

彼女の顔が少し緩んだ。

神村が七号用紙の書き方について説明し、彼女の不安を取り払うための説明を続ける。

彼女は手帳を取り出して、神村の説明をメモしている。

一般的に患者が労災だと病院に主張すると、健康保険が使用できなくなってしまい、以後労災が認定されるまでの治療費全額を実費で支払わなければならなくなってしまう。また、休業している場合も、労災申請と同時に健康保険の傷病手当が支給されなくなってしまう。

結論が出るまでに最低三か月はかかるメンタル労災の場合、生活を守るためにもこの申請方法が最適と孝広たちは考えている。

もちろん労災が認定されたら、医療費を請求する五号用紙、休業補償を請求する八号用紙で申請しなおし、健康保険には傷病手当や医療費の返還をする必要はあるが、これは後でゆっくり対処すればいい。

「今度診察の時、クリニックの先生に労災申請するからと事情を説明し、一回だけ実費で診察を受けてください。そして、その時のレセプトといわれる領収書と、診療内容をここに持ってきてください。それを七号用紙に添付しますので」

彼女は黙々とメモを取っている。

孝広が横から彼女のメモを覗き込み、彼女の書き込みが正確だという合図を送ったのを確認して、神村が続けた。

「やることの二つ目ですが、こんな職場環境は変えなければなりません。一人ではなく、組合に入って一緒に改善しませんか」

「そんなことできるのですか……」

「もちろん簡単ではないと思いますが、環境改善は他の人たちにとっても必要だと思いますし、団体交渉でパワハラの問題として取り上げれば、会社は対面だけでも保とうとするのではないでしょうか。それにあなた一人ではなく、私たちと一緒に闘うのです」

彼女は疑心暗鬼という顔で二人を見ていたが、しばらくして言った。

「わかりました。やってみます」

彼女は今日初めての笑顔を孝広と神村に見せ、組合加入申込書を引き寄せて書き始めた。

彼女が書き終わるのを確認してから、孝広が口を開いた。

「そしてやることの三つ目ですが、メンタルの医療費はかなり高い薬が使われます。医療費も馬鹿になりません。ですから私たちは、自立支援制度をお勧めしています。市役所もしくは各行政区の窓口に受付用紙が置いてありますから、用紙をもらってクリニックの先生に渡してください。これで医療費の負担は一割になります」

聞いていた彼女は、少し驚いた顔になって聞き返した。

「一割負担になるのですか」

「そうです」

孝広は、頷くと同時に人差し指を立てて言った。

「あと、今日ではありませんが、私たちはこれから、あなたの会社に団体交渉申し入れ書を書きますから、その内容をあなたに確認してもらうことになります」

「わかりました」

彼女の返事を待って孝広は続けた。

「時として、医者や会社が労災申請用紙への記入を拒否する場合があります。そんな時は私たちに言ってください」

「大丈夫なんですか」

彼女の顔に不安の色が見える。

「これまでも医者を説得した経験がありますし、どうしても医者に納得してもらえない時は、組合として、その医者との会話内容を中心に『経過書』を作成します。これを労基署へ提出すれば七号用紙を受領してくれます。そのためにも組合に加入していただく必要があるのです。それと、会社が申請を認めない場合もあります。これは労基署へその趣旨を伝えてもらえれば了解されます」

「わかりました」

彼女の顔から、事務所に入って来た時の悲壮感が消えている。

冷えてしまったお茶に手をやって、彼女はつぶやくように言った。

「やっぱり相談に来てよかった」

「でもこれからですよ」

そう言って孝広と神村は笑った。

「ありがとうございました」

「ご苦労様でした」

立ち上がった彼女は深々と頭を下げ、部屋を出て行った。

孝広と神村も少し疲れたという顔で、互いの労をねぎらうようにお辞儀した。

これでいい。労働組合は、労働者の生活を守るためにある。

こうしたメンタル労災的要素を持った相談には、相談者の生活を重視した回答として、健康保険の傷病手当を担保した労災申請方法と、出費を抑える行政の支援があることを示してきた。労働者は職を失う不安だけでなく、月々の収入が途絶えるのではとの不安も持っている場合が多い。

一人で悩んでいる労働者に連帯し、当事者に寄り添う姿を見せることで、安心感を持ってもらうのだ。

地位と任務

組合大会の日取りが近付いてきていた。しかし、今年はまだ役員人事が決まっていない。これは今週末の四役会議で最終的結論を出すことになっている。

考え込んでいる孝広に向かって、神村が心配そうな顔で聞いてきた。

「ところで、大会方針の方は大丈夫ですか」

言われて我に返った孝広は、パソコンの画面に目を落とすと神村に言った。

「参加人数だけど、確認できているのは何人かな」

大会で一番大事なのは、参加者数だ。どんなに素晴らしい議案でも、大会が成立しなければ意味を持たない。

「任せてくださいよ。もう七十人を超えています」

合同労組の規約では、大会の開催には組合員の過半数が必要だった。

もちろん委任状を含めてだが、孝広にとって委任状を含まない人数が気になって仕方がなかった。

「いや、実際の大会参加者数だよ」

イライラして孝広は言った。

神村が眼鏡を拭きながら答える。

「ですから昨日も言いましたが、参加者は三十名を超えましたし、古田さんが言う五十名にはほど遠いけど、委任状を合わせれば大会成立は保証されていますよ」

孝広がむっとした顔で言った。

「今回の大会は、今までの大会と違うんだよ」

そして、当然だろうという顔で続ける。

「組合費の値上げに伴う共済制度も作るし、組合費との関係からも、一人でも多くの組合員に直接話して理解してもらいたいんだよ」

神村はわかっていますというように何度も首を縦に振っている。

孝広は神村を睨んだ。しかし、これだから事務所はうまくいっているのかもしれない。二人とも同じ方向を向いていたら、落とし穴があっても気づかない。

孝広は変に納得して、再来週に迫った大会準備に集中した。

大会準備は議案書の作成だけではない。当日行われる選挙管理委員や資格審査委員等の大会役員の選出に向けても、事前に本人の了解を取っておかなければならない。

＊

組合事務所では、最後の四役会議が開催されていた。

孝広は若手役員との交代を提案していた。

委員長と書記長の古田が退き、補佐的立場で新役員を支援していく形だ。

「ですから、規約上の役員定年制を守って、次世代を育てることに集中すべきだと思っているんです」

組合規約では、役員の定年を原則七十歳と決めているが、委員長は既に七十二になる。

「それは原則だろう。次の委員長は、書記長は、誰がやるというんだ」

委員長が声を荒げて反対意見を主張する。

孝広は諭すようにして言った。

「原則は原則です。この規約を提案したのは五年前の私ですよ。原則を曲げることはできません」

「それじゃ誰がやるというんだ」

委員長の顔は興奮で赤くなっているように感じられる。

「ですから、もう二年前から人事の刷新を提案してきましたが、取り合ってくれないから、私自身が規約の年になった今、後進に道を譲ろうと決意したのです。降りたからといって労働相談や組合活動をやらないと言っているのではありません。新役員と一緒にやり、個々の判断は新役員に任せたいと言っているのです」

部屋は静まり返っている。

孝広は、委員長には一緒に役員を降りて、後進を育てる任務に就いてほしいと思っていた。

孝広が委員長に質問をぶつける。

「なぜ委員長は、他の人が委員長に就いて、その補佐をしていく道を選択しないのですか」

委員長の顔に、ついにあからさまな怒りの表情が浮かんだ。

「もういい、君が降りるのは認めるから、降りる人間がこれから先のことに口を出さないでほしい」

驚いた神村が、二人の間に入るようにして言った。

「とにかく、古田さんは書記長を降りる方向で、結論は後日少し頭を冷やしてから論議しましょう」

神村の提案に委員長が言った。

「新体制の論議は、古田君のいない場所で決めよう。今日はこれまでだな」

皆の目が、委員長に集中した。

しかし、誰も彼を止めることはできない。四役会議も執行委員会も、召集権を持っているのは規約上委員長なのだ。

孝広は、委員長の顔を見て考える。委員長は認知症になってしまったのだろうか。

いや違う。

彼にとって、委員長は地位なのかもしれない。

委員長も書記長も、組織としての決定権は持っていない。書記長が起案権（提案権）を持っているのに対し、委員長が持っているのは招集権であり、執行委員会の意見が二分した時のみ使用できる裁定・決定権だ。つまり決定権は執行委員会にしかないのだ。

ユニオンショップ制度で育った労働組合幹部は、いかに先進的考えを持っている人でも完全にはその風土から脱しきれないのかもしれない。役員は会社幹部と対等に話す。それは労使交渉においては当然なのだが、組合員の中においては委員長自身も一組合員、一執行委員であることを自覚しなければならない。

また、ユニオンショップ制度という特殊な環境の中では、方針が気に食わないからといって組合を脱退することはできないが、我々のようなコミュニティユニオンと呼ばれる組織は、出入りが自由である。より組合員の気持ちに寄り添った魅力ある組織でなければ、組織そのものが成り立たない。役員であっても、時には組合員一人一人に頭を下げ、方針に対する理解を求める立場に立たなければならないのだ。

そのためにも若い人たちの感覚と思いを大事にしなければならず、同時に新しい役員の育成も常に重要な課題となる。活動家としての組合役員の幹は、少しでも太くしておかなければならない。

役員を地位と勘違いし、その職にしがみつく人間を認めるような組織は、すぐに陳腐化し活力を失うことになる。

役員は地位ではなく、任務配置として考えるべきなのだ。

事業主という側面も持つ、建設関連の組合幹部や役員にこの勘違いをしている人がいかに多いか、孝広は嫌というほど見てきた。

今の執行委員の多くは、その意義に共感してコミュニティユニオンを立ち上げた、一人の活動家でもある。そうした歴史を背負っているからこそ、委員長に対して意見を言えないでいるのではないだろうか。

委員長もその一員なのか。それとも彼には別の思いがあるのだろうか。

彼は今、上部団体である川崎労連の役員も兼ねており、それには委員長の肩書が必要だと考えているのかもしれない。しかし、それ自体が古い労働組合的考えなのだ。

孝広は、悲しい現実を突きつけられた思いで、部屋を出る委員長の後ろ姿を見つめた。

その背中は、自信に満ちているようにも見えるが、慌ててザックを肩に掛ける様子は、逃げるようにも見える。

孝広は不安に思った。川崎労連の中で何か起きているのだろうか。それとも彼は、さらに上の役員になろうとでも思っているのだろうか。

川崎労連でも、高齢化と共に役員のなり手が少なくなっていることはわかっている。孝広の時代でもそうだった。だからこそ孝広は、若手の補佐として川崎労連の役員となり、一定期間残ってきた。

事務局長を降りた孝広は、次の事務局長が一人立ちできるまでとの思いで、事務局次長として六年その任に付き、幹事としてもさらに二年務めた。

これは異例なことで、従来なら事務局長を降りたら、他の任務に就くか、役員を辞めるものだ。しかし神奈川県で唯一単独で専従を抱える地域労連ということもあって、孝広は若手役員の補佐を務めてきたのだ。

どんな人間であっても、時間的環境の変化や組織的変化に対し、その流れを押しとどめることはできない。ＩＬＯでも労働組合として認められていないカンパニーユニオンである企業内組合の活動家としての経歴を持つ、委員長の限界なのだろうか。

最近のニュースで、某企業内組合が春闘要求においてベースアップではなく能力に応じた賃上げを要求すると聞いた。もうこれでは、事実上労働組合ではない。組合員の意志ではなく企業の意志に沿った要求をするのだから、誰のための組織なのかは明白だ。仮に自分の要求と異なるからといって組織から抜けようと思っても、社員イコール組合員というユニオンショップ制度がこれを許さない。つまり、要求で団結すべき労働組合が結集方向を見失ってしまっているのだ。

自問自答するように考え込んでいる孝広に、神村がそばに来ていった。

「古田さんは、書記長を降りても変わりませんよね」

「もちろん」

孝広は、何で？　という顔で答えた。

「委員長は、降りたら組合事務所に顔も出さなくなると思いますよ」

「かもしれないな」

神村は、頷くと孝広に深く頭を下げた。

「後は君が頼りだから」

孝広はそれだけ言って神村の肩を叩きながら、日々感じる年齢による限界と、若い幹部に引き継ぐべきこれまでの知見や理論を思った。そして、この切実な時間的限界について委員長に伝えられないもどかしさに、胸が苦しくなっていくのを感じていた。

少し効き過ぎたクーラーの冷たい風が孝広の頬をなでていた。

組合大会

真夏を実感させる日差しへと変わってきている。

孝広は組合大会の準備に向け、時には深夜にも及ぶ作業に追われ、妻の洋子と夕食を一緒に取ることも難しい日々が続いていた。

＊

組合大会当日。

孝広は、先週の執行委員会でやっと了解を得た議案と、孝広抜きの臨時の四役会議で決定したらしい役員人事案を持って会場に向かった。

役員人事案には、委員長をそのままに、孝広を特別執行委員とし、書記長には前書記次長の神村が、後は昨年と同様の役員が並んでいる。

孝広はそうした体制を一瞥し、むなしい気持ちで会場に入った。

会場の準備は神村が行っているはずだ。

会場の正面には「新たな運動と組織の躍進を」と書かれた横断幕が掲げられ、真っ赤な組合旗が演台を包んでいる。

孝広は今さらのように緊張してくるのを覚えた。

＊

来賓の挨拶も終わり、大会の議事は、いよいよ方針案の提案となった。

孝広は大会の演壇に立って、組合員の顔を見渡した。

皆が孝広を見つめている。

悔し涙に濡れながら理不尽を訴えていた顔、怒って会社を思いっきり毒づいていた顔、子どもとの生活をどうしたら守れるのかと問い詰めていた顔、そして解決した時に見せた笑顔。集まった一人一人のいろいろな顔が浮かぶ。

孝広は方針案を演壇の上に置くと話し始めた。

「ご苦労様です。それでは、今年度の総括案と来年度の方針を提案させていただきます」

組合員の目が議案書と孝弘の顔を真剣に行き来する。

それもそのはずだ。彼らの相談内容とその解決に向けた、具体的な経過が述べられているのだ。

「労働相談を中心に地域から組織化を進め、一人も泣き寝入りさせず、劣悪な労働環境をなくしていくという私たちの運動は、今年一年で十件の案件を解決しました。現在も取り組みを継続している案件は十四件あり、結果として三十三名の仲間を迎えることができました」

拍手が会場を包んだ。

今年もいろいろあった。賃金不払いや不当解雇、労災申請と、その一つ一つを孝広は説明していく。聞いている組合員も、自分の事件が説明されているのだから真剣そのものだ。

孝広は総括案を説明し終わると、続けて方針案の提案に入った。

「運動面での特筆すべき提案は、山河通運の闘いについてです。既に山河通運争議支援共闘会議を立ち上げましたが、闘いをさらに前進させるべく、より広範な人たちの知恵と力で勝利に向けた確かな組織を作っていこうというものです。

　ご存知の人もいるかもしれませんが、労働契約法第十九条は、東芝の川崎柳町工場の臨時工裁判の判決がベースとなっているといわれています。また、解雇裁判で必ず出てくる整理解雇の四要件は、川崎の東洋酸素解雇事件の判決が基本となっています。今回の山河通運の雇止め裁判は、労働契約法第十八条を扱った最初の判決になる可能性があります。

　労働者の権利確立に向けた中心的闘いを、ここ川崎から、合同労組として全力で担っていこうではありませんか」

　会場中に拍手が響き渡った。

　原告の柿崎が立ち上がり、手を上げ、頭を下げている。

　拍手が収まるのを待って孝広は続けた。

「次に組織的方針の特徴を述べます。昨年は新しい組合事務所を確保し、財政的にも安定した組織運営ができたと考えています。一方、これまでは定年退職者がボランティア的に運動の中心を担ってきましたが、これからは次世代にバトンタッチしていく時期が来ていると考えています。これまでもその準備として、実行委員会や闘争委員会、機関紙部会、財政部会などの各種委員会に、……職場、職種によっては分会という形ですが……、皆さんにも参加してもらってきました。

　今後は新しい幹部と経験豊かな幹部が融合して太い幹を作り上げ、さらなる組織的前進を目指そうではありませんか」

孝広の発言を受けて、来年度の役員提案一覧に皆の目が集中した。

「え、書記長が変わるの？」

一部に動揺が見られる。

気にせずに孝広は続けた。

「これまで、昨年度の方針『組合の幹をより太く』に沿って、執行委員一人につき一人以上の部員を獲得することを目標としてきました。

結果として現在、十五名の執行委員会に対して協力をいただいている部員は分会役員を除いて十二名に達しています。今年はこの幹をより太くすると同時に、強くしていく年にすべく、共済制度を設立します。共済制度によって組合の求心力を高め、愛着を持ってもらいたいからです」

孝広たちは、組合加入者は毎年二十名から三十名いるものの、脱退者も同数程度おり、百数十名の組合員数が依然増えないことに苦慮してきた。そして、そうした中での一つの結論として、組織に在籍するためのメリットが必要だと感じていた。

これは、特段新しい考えというわけではない。他の大きな組織は、それぞれに在籍メリットがある。医労連には医労連共済があり、土建や建設には建設国保がある。

孝広たちには、企業・職場における問題解決という最大の武器がある。しかし問題が解決した後の魅力をどう作り出すのか。自身の問題が解決したら、今度は困っている人を支援する側に回ってほしいとはいつも言っているが、それだけで組合への定着率を上げることは難しい。今まではレク活動や飲み会で仲間意識の醸成を図ってきた。ただ、それでは結局個人の努力によるところが大きく、また、働き掛けも執行委員の手の届く範囲に限られてしまう。組合員が数十名程度なら、執行委員会として一人一人を掌に載せて論議することもできる。しかし百数十名にもなるとそれは困難になるし、案件を多く抱えればそれだけ目配りもできなくなる。

労働組合は思想集団ではない。要求獲得を最大の課題としている組織だ。結論を簡単に出せるとは思えないが、異なる職種、異なる職場、そして地域的にも分散している組合員が、一つの組織に在籍するメリットとしての共済制度だった。

「今年度は組合費の値上げと引き換えに、生活を守る共済制度として自賠責保険を取り入れた仕組みを作っていき、魅力ある合同労組を実現、労働相談がなくても在籍したいと思える組織にしていきたいと考えています。皆さん、この合同労組共済制度を大いに宣伝し、組合を大きく前進させようではありませんか、以上で今年度方針の提案を終わります」

孝広が一礼すると、大きな拍手が沸き上がった。

「それではここで休息とし、その後に質問とご意見をうかがうこととします」

大会議長が休憩を宣言し、それぞれが席を立って会場を出ていく。

すぐに、来賓で来ている横浜の地域労組の役員が質問してきた。

「古田さん、古田さんが書記長を降りて大丈夫なんですか、大事なのはこれからでしょ。それに方針の提案内容はいいけど……、共済も財政的にはどの程度の負担になるの？」

孝広は、大会参加へのお礼を述べることを忘れなかった。

「今日はご出席ありがとうございます。私が降りても大丈夫ですよ。組織は個人の所有物ではありませんし、私が降りてダメになるなら、それは組織ではありませんから。新しい局面でこそ、新しい人の判断が求められていると思いますよ。

それから、共済の負担は値上げした組合費で十分賄える範囲です。共済制度を二つに分けて、自賠責のような補償額が大きな金額になるものは外部の保険会社に委託し、生活保障的な生活お助け部分は、組合独自で組み立てようと思っています」

「すごいね、一億円の自賠責は魅力的ですよね」

「共済検討委員会でいろいろシミュレーションした結果ですから」

「いや、それにしても大したもんだ。後で資料を僕にもくれないかな、うちでも検討するから」

「ありがとうございます。後日資料をお送りしますよ」

孝広は内心ほっとした。

彼のことだからいろいろ問題点を指摘してくると身構えていたが、これなら皆の賛成も得られるだろうと自信も湧いてきた。

休憩後も大会の議事は順調に進み、いよいよ最後の方針案の採決の場面になった。

「それでは、採決に移ります。方針案に反対の方、いませんね。保留の方、いません。賛成の方」

皆の手が上がった。

「全員一致で、大会一号議案は採択されました」

大会議長の声に、会場に拍手に包まれた。

執行委員が立ち上がって深々と一礼し、大会は終わった。

昨年自前の組合事務所を確保したことによって事務所経費は若干増えたものの、会議室を他組織に貸し出す他、各所の改善と組合費のワンコイン値上げで、財政的には改善したと言える。何より、共済制度の実施によって魅力ある組合への第一歩を踏み出した。

「後は後継者づくりだ」

自分の仕事の半分は終わったと、孝広は一つの区切りを感じていた。一方、大会でも報告した、残された案件や課題への思いを巡らせる。

あのＡＤＨＤの青年の案件をどうするか。山河通運の闘いと判決に向けた運動をどう組み立てていくのか。そして日々持ち込まれる相談案件への体制づくり。一般的には労災保険の対象にもならない最も深刻な職場環境に対する運動をどう進めていくべきなのか。そして最大の案件として、この労働組合としての新しいコミュニティユニオンの運動を、どう作り出していくのか。

旧態依然とした、幹部が全てを決定していくような組織から、自分たちが考え、要求していく組織へと変えていかなければならない。その要求も、従来の対企業一辺倒な要求から、地域的な合意を前提とする、社員や職員的ではない労働者的要求に変わっていくはずだと確信している。

書記長に神村、孝広を労働相談担当の特別執行委員として提案した新しい役員体制は、規約に記載されている「定数以内であれば信任投票を経ずとも拍手で確認する」案にしたがって、満場一致の拍手で承認された。孝広は、会場に響く拍手を聞きながら、組織としての脱皮はなかなか容易ではないと感じたのだった。

＊

組合大会の会場を出ると、公害闘争で合言葉となった「青い空と白い雲」が、孝広を励ますように広がっていた。

民主団体における不正常な労使関係、労働組合に残っている前近代的感覚、異常な職場実態、世代交代の必要性等、これからの労働運動には、まだいくつも越えていかなければならない課題が存在している。

孝広は明日へ向けて、この組合が直面するであろう組織的な困難と、それに対する自らの決意を確認するように、議案書を握りしめた。

判決

待ちに待った山河通運の判決の日が来た。

数回にわたる和解交渉は結果として決裂となり、この日を迎えたのだ。

孝広は朝からそわそわとして、朝食も上の空で何を食べているのかさえわからないほどだ。

ついにデザートのスイカを一切れ取ろうとして、床に落としてしまった。

赤いスイカが床に落ちて砕ける。

慌てて拾おうとしている孝広に向かって洋子が言った。

「何よ、食事もろくに喉を通らないの。おいしいかまずいかくらい言ったらどうなの？」

不満そうな顔で孝広を睨んでいる。

「でも、お前は気にならないのか」

「気になるわよ。でもいくら心配しても判決文は変わらないでしょ」

言われてみればその通りだが、気持ちは裁判所へと急いでしまう。

「昔、俺の判決の時もお前は今日のように冷静でいたのか」

孝広と洋子が結婚する前、孝広は差別争議の真っ最中だった。

洋子は、裁判の傍聴には必ず来てくれた。勝利判決の時には抱き合って喜んだ記憶がある。

「あの時はあの時よ。だってまだ結婚していなかったでしょ」

人は変わるのかもしれない。いや、とてつもなく変わる。

かつての勝利判決の日、二人は朝まで酒を飲み、将来を誓う約束をしたのだ。それがどうだ。彼女だって山河通運の署名活動や宣伝活動を一緒にしてきたはずなのに。孝広には理解できなかった。

「とにかく行ってくる。君も時間には来るんだろ」

当然という顔で洋子は頷いた。

孝広は黒いザックを肩に掛けると外に出た。

階段を降り、自転車にまたがると、一目散に裁判所前に向かった。

到着後すぐに、昨日頼んでおいた宣伝カーが来ているかを確認する。建交労の仲間が、裁判所前の道路わきに宣伝カーを止めてくれていた。

この宣伝カーが、今日の報告集会の舞台となるのだ。

孝広が自転車で近付くと、宣伝カーの窓から運転手の顔が覗いた。

「ご苦労様、今日はよろしく」

「場所はここで動かさなくていいんだよね」

「ああ、基本的には俺もここにいるから」

時間はまだ一時間ほどあるが、チラホラと人が集まってき始めた。

「おはようございます」

「ご苦労様です」

孝広は汗を拭きながら、集まってくる人たち一人一人に挨拶を送り、判決の時間が来るのを待った。

法廷には支援共闘の幹部と執行委員を優先させ、特別執行委員となった孝広は、外で次の行動の準備を担うことにした。

宣伝カーを囲むようにして支援者が集まっている。

いよいよ、時間が迫ってきた。

昨日の最後の打ち合わせでは、勝利判決の垂れ幕は用意するが、不当判決の垂れ幕は用意しないことになっていた。弁護士の意気込みもかなりのものだと感じられ、孝広の気持ちも高ぶってくるのだった。

じりじりとした気持ちで、皆が裁判所のドアを見つめる。

その時、若手弁護士が垂れ幕をもって出てきて、ドアを開けたところで立ち止まり、垂れ幕を掲げた。

勝利判決の四文字が躍っている。

どこからともなく拍手が沸き起こった。

孝広は、走って来た若手弁護士を宣伝カーの車上へと誘導した。

続いて岩崎弁護士が裁判所から出てきて宣伝カーに上っていく。

「皆さん、勝利判決です。判決内容の詳細については今、中で検討を行っていますが、山河通運の行った雇止めは違法であると断罪されました！」

報告に集まっていた支援者たちは声を上げて喜び、拍手が宣伝カーを包んだ。

「やったな」

「当然だよ」

それぞれに喜んでいる。

裁判所から傍聴席を埋めていた人たちがゾロゾロと出てきて、宣伝カーを囲む人垣が、一回り大きくなる。

突然、孝広は両手を掴まれた。

「ありがとうございました」

柿崎だ。泣きそうな顔をしている。

「よかったね。当然と言えば当然なんだけどね」

孝広は、満面の笑みで彼の手を強く握り返した。

宣伝カーの上では、支援共闘会議代表委員の川崎労連議長が、マイクを持って話し始めた。

「皆さん、勝利判決です。これは、山河通運争議だけの問題ではありません。多くの有期雇用労働者を励ます判決です。

今日の判決によって、労働契約法第十八条を正しく適用させた判例を勝ち取ることができました。労働者の街川崎を実感します。またこの勝利は、労働組合だけでなく、多くの民主団体と共に勝ち取られたものです。公正な判決を求める裁判所への署名は、全国の仲間から一万を超えています。これは時代の変化としても、市民の意識的変化としても意義深いものと考えます。……」

確かに、闘いも、それを支援する形も変わってきている。しかしこの勝利判決には、それが全国数十万、いやそれ以上といわれる非正規労働者、有期雇用労働者を励ますものであるという大きな意義がある。彼らの、いつ雇止めになるかとの不安を少しでも払しょくし、激励することができるのだ。これはまさに、地域労組的成果だといえる。組織労働者が、未組織労働者の権利を勝ち取ったのだから。

孝広は、宣伝カーの下でその喜びを噛みしめていた。

裁判所前での集会自体、久々のものだった。

孝広と洋子は、抱き合って喜びあうことはしなかったものの、洋子の国民救援会と孝広の合同労組が初めて共同した闘いでの勝利であることを、互いに噛みしめていた。

「おい、今日、飲みに行くか」

「馬鹿ね、もったいないでしょ。家で飲みましょ」

二人は、三十年前に戻ったように笑顔で見つめ合った。

第6章　ラーメンの汁

フードバンク

組合大会から半年が過ぎ、特別執行委員となった孝広は、少し落ち着いた気持ちで、機関紙に載せるニュースの原稿をパソコンに向かって打ち込んでいた。

特別執行委員になったからといって孝広の日常が変わるものではなかったし、労働相談の大半は、依然として孝広が担当していた。

部屋には他に、清水女性部長と新書記長の神村の三人がいるが、三人とも黙々とパソコンに向かっている。

室内にはキーボードを叩く音だけが響いていた。

その静けさを破るように、電話がけたたましく鳴った。

「はい、川崎合同労組ですが」

孝広は受話器を取ると、髪の毛に手をやった。いつもの癖だ。

電話の内容は、思った通り労働相談だった。

最近は合同労組もメジャーになってきたのか、地域の人からもいろいろな相談が寄せられてくるようになってきた。

電話の内容は、パワハラでメンタルを患い休職に追い込まれた女性を助けてほしいとの相談だ。

紹介者の高山女史は、フードバンク活動を行っている。

高山は長年この活動を行っており、孝広たち労働運動とは直接的な関係はないものの、子どもの貧困問題を通じて交流を持っていた。これは、連携をとっている教職員の組織が課題として取り上げたものだった。

生きていく上で欠かすことのできない食事。生活保護もあると思われるかもしれないが、その受給に至るまでの、親は？　兄弟は？　といった確認、あるいは些細な書類の不備を盾にした水際作戦は、時に人の尊厳を踏みにじり、受給への高い壁を作り出す。

そうした緊急時に、食品の製造・流通過程で生じる販売不可となった商品を企業から譲り受け、もがき苦しむ人たちに配布するのがフードバンク活動だ。品質とは関係なく、ラベルの印刷ミス、パッケージの汚れなどを含め、食べられるにもかかわらず廃棄されてしまう食品は、年間六百万トンを超えるともいわれている。

二十世紀にアメリカで生まれた運動だが、日本の貧困度合いもアメリカナイズしてきたのだろうか。日本の貧困率が十五％を超えた、二〇〇〇年頃から始まったと聞いている。

最近では、各家庭からの提供を前提としたフードドライブも加わり、社会的にも認知されてきた。当該団体のホームページには、「……『地域の助け合い』『支えあい』『分かち合い』相互扶助社会づくりを目指すと共に、社会の食品ロス削減に向けた意識の向上を図り、社会福祉及び資源・環境保全の増進に寄与することを目的に……」と記されている。

彼女の活動を思うと、孝広の脳裏にはいつもジョン・スタインベックの『怒りの葡萄』がよぎる。

「とにかく一度事務所に来て、詳しい話を聞かせてください。ええ、今日でもいいですよ」

受話器を置いた孝広は、神村に向かって準備しろというように予定表の白板を指差し、振り返って清水に言った。

「相手は女性ですので、一緒に聞いてもらえませんか」

清水は、パソコンの手を休めずに答えた。

「ここにいれば嫌でも耳に入るわ」

孝広は苦笑して窓の外を眺めた。

最近多いのは、この手のパワハラだ。自分の成績が上がらないのを部下の責任にして怒鳴り散らしたり、叱責したりする。

もちろん上司も成果主義・成績主義の犠牲者といえばそうなのだが、その最大の犠牲者が、末端の女性事務員や新人社員に向けられることもしばしばで、同様の相談は後を絶たない。

しかし定年前から労働相談を担当してきた孝広にとっても、メンタルがらみの相談は得意になれなかった。

メンタルを病んでいるとのことだが、どの程度だろうか。パワハラによるメンタルがらみの相談はかなり難しい。相談者の職場における人間関係を聞いたり、賃金を含めた労働条件を聞いていると、相談者が突然泣き出したり、怒り出したりすることもあり、対応に苦慮するだけでなく時間もかかるからだ。

どれだけ経験があっても、まずは冷静に聞き取りができるかが問題なのだ。

孝広は神村と顔を見合わせ、大変だぞというようにおでこに手をやった。

神村は、覚悟しているというかのように両肩を上げて眼鏡を掛けなおした。

窓の外は、春とは名ばかりに、霙にでもなりそうな冷たい雨が降っている。

川崎市内の人だということもあり、しばらくするとすぐに相談者と高山が現れた。高山が、少し太り気味な体を重たそうにして入って来る。

「この子なんです」

高山が、相談者を押し出すようにして孝広と神村の前に立たせた。

小柄で少し青白い顔をした二十歳前後と思われる女性は、季節外れの、薄手で黒っぽいカーディガンを身に着けている。彼女は寒そうに両手で体を抱え込んだまま、おずおずと頭を下げた。

「相談員の古田です」

「書記長の神村です」

テーブルを挟んだ形で、二人は名刺を差し出した。

「あの、わたし……伊藤といいます……名刺は……」

「いえ、いいんですよ」

差し出された名刺に応えることができないで困惑する彼女に、孝広は笑顔で手を左右に振ってその必要がないことを示し、席を勧めた。

「それではよろしくお願いいたします」

「ご苦労様でした」

高山は一応の紹介を終えると任務を果たしたというように孝広たちに挨拶し、席を立って、帰って行った。

しばらくの沈黙後、孝広は改めて聞いた。

「どうしたんですか」

孝広は、相談者が話し出すのを静かに待った。

よく見ると整った目鼻立ちには利発さが漂うものの、ひ弱さも感じられる。

「私、昨年の九月に入社して、機械メーカーの営業担当に配属になったんです。ユーザーの要望に応じて部品を加工する仕事内容だったので、上司の課長と一緒に、客先回りの仕事をしてきました。

でも課長から、毎日のように能なしとか、何でこんなことができないのか、と言われ続けて……。先日は職場の打ち合わせで『いくら水をやっても育たないやつだ』とか『いつまでたっても懐かない犬だな』とも言われました。相談したくても、誰も助けてくれないんです。きっと皆も課長が怖いんだと思います」

話しながら、彼女の頬を涙が伝った。

「議事録を作成しろと言われて必死で打ち込んだら、会議の内容すらまとめられないのか、と言うんです。入社して三か月、会社の仕事もよくわかっていない私に、できるわけがありません」

彼女がそこまで言って下を向くと、膝の上に置いた両手の上に涙がポロポロと落ちた。

屈辱的場面がフラッシュバックして、彼女を苦しめているに違いない。

医学的には、嫌なことを思い出させることをしてはいけないのかもしれない。しかし労働組合としては、これを聞かなければ抗議も交渉もできない。

事情を知らない人が見ていたら、孝広と神村が二人がかりで若い女性をいじめているようにも見えるかもしれない。

彼女の話を聞きながら、神村がテッィシュを前に押し出した。

彼女はティッシュを二、三枚掴むと目と鼻に押し当てて話を続けた。

「でも私、働かなければならないんです」

聞けば一人暮らしで、大学卒業後就活に敗れ、アルバイトや飲食店の店員などを転々としてきたという。

大学では油絵を専攻していたが、描くことで飯を食えないことは覚悟していたので、好きな絵が描ければとアルバイト等で暮らしていこうと思ったが、画筆や油絵具などを購入すると生活もままならないことに気づき、安定した職につこうと、パソコンの資格を独学で習得し、やっと見つけた正社員の仕事なのだという。この仕事を手放すことはできないと、彼女は必死で働いてきた。

「別に高い給料を求めているわけではないんです。どうしたら……」

神村が言った。

「大丈夫ですよ。病気休職ですから、健康保険の傷病手当が受けられます」

続けて孝広が言った。

「ひどい職場環境ですから、今職場に戻ったら重症化します。とにかく今は休んで、体調の回復を目指しましょう。その間に組合がパワハラ環境をなくしますから」

「そんなことできるんですか」

ティッシュを掴んだまま、彼女は神村と孝広の顔を覗き込んだ。

「もちろん。労働組合ですから」

自信に満ちた顔で孝広は言ったが、かなり難しい交渉になることはわかっていた。

パワハラの場合、相手がそんなことは言っていないと主張するのが常であるし、録音などの証拠があっても、多くの場合は「そんな意味で言っていない」との反論がある。

「でも職場に残れるでしょうか、私。試用期間の後、正社員に採用される時、お給料を引き下げられたんで、これ以上下げられたら生活できないんです」

「え、給料を引き下げられたんですか」

そんな馬鹿な。試用期間が終わったら給料が上がると聞いたことはあるが、下がるなど聞いたことがない。

きっと、正社員にすることを餌に賃下げを飲ませたのだろう。日本の職場環境はここまで腐ってきたのか。腹立たしさより悔しさの方が先に立つ。

「私、手取り十三万あれば生活できるんですが、家賃のことも考えるとこれ以上下げられたらダメなんです」

彼女はそう言って、新しいティッシュを掴んだ。

「絵はあきらめても、これ以上お給料が入ってこないと、私困るんです」

「あきらめちゃだめです。だって……」

孝広は、文化的生活は憲法で保障されているんですからという言葉が喉まで出たのを飲み込んだ。

彼女は今日まで、地元の企業で最低賃金に近い条件で働いてきた。やっと掴めると思っていた安定した生活がもろくも崩れ去ろうとしている現実を前に、金銭的な困窮と、戻れば地獄との精神的な苦痛が交差しているに違いなかった。

神村が、組合へ加入した場合の、組合としての行動予定と計画を事務的に説明し始めた。

「あなたの職場状況は明らかにパワハラです。しかし、その職場環境を正すにはあなた一人の力ではできないと思います。私たちは労働組合に入って私たちと一緒に闘うことを勧めますが、それを決めるのはあなたです」

「できるんですか」

彼女は涙を拭いながら、真剣なまなざしで聞いてきた。

「たぶん。保証はできませんが」

孝広の額に浮かぶ八の字が、問題の難しさを表している。

しばらく考えていた彼女は、決心したように言った。

「お願いします。私……、私働くのは好きなんです……」

それ以上は言葉にはならなかった。

彼女にとっては、生きていく上で働く以外に選択の余地などないに違いなかったし、働くこと自体には喜びを感じていることも伝わってきた。

しかし現状、明日の暮らしもままならないに違いないことは、彼女の話している表情からもうかがい知ることができた。

少女の面影さえ残す彼女に、孝広はあえて聞いた。

「今晩の食事は大丈夫なの?」

答えに戸惑っていた彼女は、下を向いたまま言った。

「ラーメンの汁があります」

「えっ」

神村と孝広は絶句した。

「で、でも、明日には高山さんからお米をもらえることになっています……」

「俺のうちに来るか。飯ぐらいあるから」

「いえ、大丈夫です」

何が大丈夫なのかわからず、孝広はこぶしを握ったまま言った。

「一緒に弁当を買いに行きましょう。安くてうまい店があるから」

それまで無言でパソコンに向かっていた清水が彼女に言った。

「その恰好じゃ寒いから、これを着て行きなさい。来週にも返してくれればいいから」

清水はそう言って立ち上がり、自分の上着を彼女の肩に掛けた。

「でも、それじゃ……」

彼女の躊躇する言葉を遮るように、清水が言う。

「心が病んでいる時は肉体も弱っているものよ。風邪でも引いたらもっと大変。私は別のコートもあるから」

「ありがとうございます」

彼女は深々と頭を下げた。


「私も闘います」

孝広は自分のジャンパーを掴むと、神村に組合加入の事務的処理を任せ、彼女を連れて事務所を出た。

冷たい雨はまだ降り続いている。

傘を差した彼女は、黙って孝広の後をついてきている。

孝広は胸のポケットから煙草を取り出すと火を着けた。

こんなことが現代の日本にあっていいのだろうか。明日どうなるかではなく、今日の飯が食えない。それも必死に働こうとしている労働者が……。人間性を否定するような国の現実を前に、孝広の頭の中では「最賃を生活できる水準に」「公契約条例を本来のものに」「憲法第二十五条の実現」などのスローガンが次々と崩れていく。

孝広たちが扱ってきた相談案件を振り返っても、我が子のためにダブルワーク、トリプルワークをこなすシングルマザーが過労によるメンタル疾患を発症しても、職場を転々とする派遺労働者が過酷な労働によって体を壊しても、どこの現場で被災したかを証明できない以上、労災保険番号を指定することさえできなかった。

労働組合だけではどうにもならない課題は無数にあるのだ。

二人は、しばらく無言で商店街を歩き、孝広がいつも昼食の弁当を買う「スーパーかわさき市場」の入っているビルの前に着いた。

一階に入っている派手な電飾のゲームセンターの喧騒を通り抜け、エスカレータに乗って地下二階の食品売り場に降り立つ。

ソースや焦げた醤油の匂いが食欲を誘う。

孝広は、売り場の一角を占めている色とりどりの弁当を指差して言った。

「ここのスーパーは弁当もいろいろあるから好きなものを取りなさい。今日は特別に私のおごりだから」

魚が好きだといった彼女はキョロキョロと周りを見渡すと、一番手前の弁当を手に取って、ニコリと笑って頭を下げた。

手に持っているのは、三百九十九円の焼き魚弁当だった。

「これでいいの？」

孝広は確認するように、微笑んでいる彼女の顔を見た。

この子はこれほどの極貧と困窮の中でも、私の財布を心配しているのだろうか。

そのいじらしさに、孝広は動揺すら覚えた。

レジで支払いの順番を待ちながら孝広は考えていた。

はたして自分たちがしている運動は、この途方もない、抜け出すことの困難な貧困から、どれだけの人たちを救い出すことができているのだろうか。

政府は、過労死さえ合法化しようとする「働き方改革」などといった法律を強行採決で通してしまった。

この法律自体にも問題はあるが、それ以前にも解決しなければならないことが山ほどあるはずだ。

自分たちはそうした課題に向き合ってきたつもりだったが、一体どれだけの変化を作り出してきたのだろう。

この神奈川に、いや工都と言われるここ川崎に、労働組合はいくつもある。

しかし、困難を抱えた労働者に本当に向き合うことのできる組織が、どれほどあるのだろうか。

幹部といわれる役員らは、企業内労働組合の限界を自覚しているのだろうか。労働組合に組織されていない無権利な未組織労働者が八割を超えている現実に、自らの課題として取り組んでいるのだろうか。

そう自問自答しながら、孝広の胸には悔しさが突き刺さる。その苦しさに耐えきれず、孝広はこぶしを握って一瞬立ちすくんだ。

そんな孝広をよそに、彼女は軽やかな足取りで、弁当を入れたポリ袋をぶら下げて後をついてくる。

孝広は握ったこぶしを解くと、彼女に向かって言った。

「明日は組合の仕事を手伝いに来てくれないかな。昼飯をおごるからさ」

彼女は少し下を向いたまま言った。

「いいんですか。あまり私がお手伝いできるような仕事はないんじゃないですか」

むきになって孝広は言った。

「あるさ、たくさんあるんだ。ひょっとしたら、君にしかできないこともあるかもしれない。それに君は、体調が回復したら職場に戻るんだから」

「……」

黙って考えていた彼女は、しばらくして顔を上げた。

「私、手伝います。私も闘います」

その時彼女は、その日初めて心の底からうれしそうな笑顔を見せた。

孝広は気付かなかったが、春はもうそこに迫っているのかもしれなかった。

Yuriko

あとがき

日本の労働組合は、カンパニーユニオン（○○自動車労組のように企業社員のみで構成された組織）が中心です。これは、世界的な基準ではほとんど労働組合と認められない組織といってよいでしょう。

春闘においては、そうしたカンパニーユニオンが成果主義賃金の底上げを要求する姿が見られました。組合幹部を通して企業要求が提案されているのです。またそこでは、企業の安全配慮義務が自己管理を盾に否定される風潮すら、組合として容認されているようです。

こうした歪みは、今日、極限に達しようとしていると感じられます。

誰でも、そして一人でも加入できる合同労組を舞台としたこの物語においても、労働相談として持ち込まれる多くの難題にその歪みを見ることができます。

合同労組には、賃上げや時短など、従来の一般的組合要求とは異なる要求も出されてきます。寄せられる相談も、未払い賃金や解雇についてなどだけでなく、遺産相続に関するものや生活相談、住宅相談等、多種多彩です。

これら組合員の要求を無視することができないからこそ、合同労組はいろいろな職種・団体との連携を模索せざるを得ず、それが地域労組の幅を広げることにも繋がっています。

ところで今回、この物語の中に二人の友人が出てきます。一人は、労働運動の大先輩である鈴木孝慈さん（通称ゴローチャン）、もう一人は、二枚の挿絵として登場していただいた岡田百合子さんです。

岡田さんは若くして癌を患い、その闘病生活の中で合同労組と出会った後は、毎週月曜日、組合事務所の電話当番として詰めてくれていました。

心優しいご主人の手作りの弁当を持ち、杖を突いて事務所に来られ、労働相談に来られた人にお茶も出してくれていました。

亡くなられる二か月前までそれは続きました。

合同労組には金もありませんから、無報酬で協力してくれる岡田さんのような人に支えられているというのが実態です。

彼女が感じ取ったイメージを挿絵として表現してもらいましたが、出版に間に合わず申し訳ないと感じています。

鈴木孝慈さんと岡田百合子さんに感謝し、お二人のご冥福をお祈り申し上げます。

併せて本書『最後の砦　コミュニティユニオンの闘い』を出版するにあたり、多くの時間と的確なアドバイスをいただいた花伝社の皆さんに心よりお礼申し上げます。

二〇二〇年五月一日　竹之内宏悠

竹之内宏悠（たけのうち・こうゆう）
石油関連企業在職中に8年間の労働争議を経て、川崎労働組合総連合事務局長を経験、その後、全川崎地域労働組合（地域労組・コミュニティユニオン）の書記長となり、労働相談を中心に活動、2011年退職後、神奈川労連の地域労組の仲間と労働相談を中心に運動を進める傍ら、月刊「民主文学」等で小説家として活躍中。
著書に、『ブラック化する職場――コミュニティユニオンの日々』（花伝社）など。

最後の砦　コミュニティユニオンの闘い

2020年5月25日　初版第1刷発行

著者 ――竹之内宏悠
発行者 ―平田　勝
発行 ――花伝社
発売 ――共栄書房
〒101-0065　東京都千代田区西神田2-5-11出版輸送ビル2F
電話　03-3263-3813
FAX　03-3239-8272
E-mail　info@kadensha.net
URL　http://www.kadensha.net
振替 ――00140-6-59661
装幀 ――黒瀬章夫（ナカグログラフ）
印刷・製本―中央精版印刷株式会社

ISBN978-4-7634-0927-0　C0036